JN029955

アメリカ生活で磨いた

ネイティブがよく使う 英会話フレーズ

廣津留すみれ
Sumire Hirotsuru

集英社

はじめに

英会話は、すべて「マネ」からはじまる！

　というのは大げさかもしれませんが、私が初の海外生活でスムーズな英会話術を身につけた方法は、まさに人のマネでした。ネイティブの友達が話す英語を頭で**コピーしては実践、コピーしては実践**、の繰り返しで自分流に使えるようになったのです。

　アメリカの大学に通ったのなら、前からさぞかし英語がペラペラだったんでしょう？　と言われますが、そんなことはさらさらなく。生まれてから18年を過ごした故郷・大分からボストンへ渡ってすぐの頃は、寮のルームメイトとの会話に四苦八苦し、スラングに頭を悩ませ、教授への敬語メールに時間をかけ…。

　そんな私を救ったのは、一緒にいてくれた友達と、音楽の存在。

　ヴァイオリン1本を手にして大学オーケストラのリハーサルに行くと、音楽という共通の趣味を通して友達が増え、ネイティブ英語を耳にする機会が格段に増えました。そこで、その機会を利用してひたすら友人を観察し、どんな状況でどんなフレーズを発するのかをなんとなーく把握。同じ状況に遭遇したときにさりげなくうろ覚えのフレーズを使ってみると、相手が好反応！　お、これはいけるな、と自信になり、自分の辞書に追加されていったというわけです。

　大事なのは、細かいことにこだわらずに**フレーズごとマネする**こと。

単語をたくさん暗記するのは大前提としてもちろん大事。でも「話す」ことにフォーカスするのであれば、「Congratulation? Congratulations? あれ、こんな単語あったっけ？」「What's up? って文法的に合ってる？」「『よろしくお願いします』のよろしくって英語でなんて訳すんだ？」とひとつひとつのワードにこだわっていたら、一生言葉が出てこなくなってしまいます。

　この本では皆さんの手間を省くべく、ネイティブの口から発せられるフレーズを状況別にまとめました。自分の海外経験をもとに「これってネイティブスピーカーはなんて言うの？」を噛み砕いて説明しています。
　読者の皆さんがすべきことは、それを**マネして「実践」**するのみ。あれ、英会話って意外と簡単じゃん！ と思えてきませんか？ もう超簡単ですよね。そう、英会話をマスターするにはその勢いが大事なんです！
　息が詰まりそうなときには、各章の導入やコラムでちょっとした海外生活のエピソードを読んで「へぇ〜」と思っていただけたら嬉しいです。

　それでは、皆さんの英会話に対するハードルが少しでも下がることを願って…。

Good luck & enjoy!

What's up?

何か新しいことある？

海外生活1年目の自分を想像してみてください。
やっと仲良くなった友達と近所で出会い、
ハイテンションで "What's up?" と聞かれたとき、
皆さんならどう返しますか？

　アメリカ生活をはじめた頃は、新生活に慣れるのに必死だった私。授業の予習や宿題、課外活動などに追われて気がつけば朝。スマホで辞書を引いて大量の文献を読んで小論文を書いて…忙しい毎日でしたが、授業での英語力は少しずつ伸びていきました。

　ただしそんな日々の中でも難しかったのは会話。単語を覚えて自分の意見をまとめていけばどうにかついていける授業とは違って、英会話はもはや即興セッション。相手が投げてきた変化球をうまく打ち返すセンスは、英語が母国語の仲間には到底かなうも

のではありませんでした。

　特に仲良くなった友達と廊下ですれ違ったときや授業で隣になったとき…普通に行われるたった5秒の挨拶が難しく、"What's up 挨拶 返し方"など何度も検索したものでした。

　しかもネイティブの友達に"What's up?"の返し方を聞くと「そんなの適当だよ！ 気にしないで」「その日の気分で答えて！」と具体的な解決策を提示されないこともあり、それはネイティブだから言えることだよ…としょげることも。

　とは言え、語学なんて見よう見まね。赤ちゃんが言語を吸収する過程を考えたら、もう周囲にいる人たちの真似をする以外ありません（と、自分を励ましていました）。すると、友達の返し方を観察したり、ノリで返してみて相手の反応を見たりする中で、コミュニケーションは基本何を言ってもOKだということが徐々に判明。

　返し方のよくわからない挨拶には、「元気なオウム返し」や「とりあえず近況報告」の術を使って相手に委ねるのがおすすめです！

　"What's up?"はただの挨拶で、日本語でいう「よっ」みたいなもの。直訳すると「何か新しいことある？」という意味なので、会話を広げる必要のないときは"Not much."（特にないよ）が定番。でもいつもそれでは面白くないので、私は自分がラッパーになったつもりで"What's up?"と元気にそのまま返しちゃうことが多いです。お茶してじっくり話せるなら、"I bought a new car!"（新

車買ったんだ！）など近況報告をはじめてもOK。自分に何もないときは、"Nothing much. You?"と相手に話を振っちゃうのもアリ。慣れたら自分なりのアレンジを加えてみて。

Dialogue

What's up?

何か新しいことある？

（"What's up?"への返しとして）パターン①

Hi! What's up?

Not much. What about you?

特にないよ。あなたはどう？

パターン②

I bought a new car!

新車を買ったんだ！

That's great!

それはいいね！

パターン③

Nothing much. You?

特にないよ。あなたはどうですか？

The same.

同じだよ。

コラム ①

How's your evening?

初対面の人への話しかけ方

　友人とバーに出かける楽しい夜。1人で抜けてカウンターに飲み物を取りに行ったら、とっても素敵な人が隣で飲み物を待っていて、そこから話が盛り上がって恋に発展…なんて映画のワンシーンみたいなことは、日常生活ではそうそうないものですよね。

　でも、そんなシーンから何か学ぶことができるとすれば、初対面の人への話しかけ方です。

　パーティシーンでは初対面の人ばかりのことも多く、ただでさえ人見知りしてしまうのに、相手がすでに仲良しグループで来ていたり、話しかけに来る友人が絶えないような人には、なおさら話しかけに行きづらいもの。だったら相手が1人でカウンターに飲み物を取りに行ったタイミングで "How's your evening?" と話しかけてしまうのがベスト！

　どんなに友達が多い人も、1人のときには誰かしら話し相手が欲しいと思っているものです。1人になるタイミングをうかがって、気軽に話しかけてしまえば自然な流れで会話に繋がるし、自分の飲み物が完成するまではそこにいられるので強制感もゼロ。そこで気が合わなければ飲み物がきたタイミングでさよならし、盛り上がれば飲み物片手に会話を続けることだってできてしまうという便利な瞬間なのです。

　立食ならビュッフェで前後になった人や、場に知り合いが少なく

て戸惑っている人などにも応用が利きます。気軽に"Are you enjoying the food?"（食べてる？）とか"What brought you here?"（なんのきっかけでこのパーティに来たの？）とか、人混みに疲れていそうな人には"Phew! I'm overwhelmed by the crowd."（ふぅ！ 人が多くて圧倒されちゃう）と同調してみるなど、気負わず何気ない話題から入ってみると、それをきっかけに友達が増えるかも！

❗ 話しかけ方のおすすめのフレーズ

How's your evening?

楽しんでる？（知らない人に話しかけるときもOK）

Are you having [fun / a good time]?

楽しんでる？

Are you enjoying the food?

食べてる？

Do you know a lot of people here?

今日の来場者って、皆知り合い？

What brought you here?

なんのきっかけでこのパーティに来たの？

Phew! I'm overwhelmed by the crowd.

ふぅ！ 人が多くて圧倒されちゃう。

Do you come here often?

ここにはよく来るんですか？

Have you tried the (food item)?

（おすすめの食べ物をさして）もう食べてみましたか？

Congratulations!

おめでとう！

海外の友達から嬉しいニュースが飛び込んできたとき。
心からおめでとう！ と祝いたいけど、
"Congratulations!"しか出てこない。
もっと気が利く返し方が知りたい！
そんな経験、ありませんか？

　ハーバード大学時代は、同じキャンパスにいろいろな分野を学ぶ仲間たちがいました。宇宙物理学、数学、英米文学、言語学、政治学、さらには課外活動でもフェンシング、ハープ、コメディ、アカペラ、映画作り…など本当に多種多様な専門分野・特技を持つ友達に囲まれていました。

　彼らのそれぞれの分野について詳しいことはわからなかったけれども、食堂や図書館に集まって勉強しながら各分野のトレンドを聞いたり、今何を研究しているのか熱弁する友達を見たりする

のは私にとって大好きな時間でした。

　そんな中でも、やっぱり嬉しいのは友達に良いニュースが舞い込んだとき。「科学雑誌に論文が載った！」とか「大会で優勝した！」というニュースは、日頃の頑張っている姿を見ているだけに、聞いているこちらがすごく嬉しくなるのです。

　そこで重要なのが、祝福のセリフです。"Congratulations!"だけでももちろん十分気持ちは伝わりますが、言い方を変えたり言葉を付け足したりと工夫するだけで、すぐにこなれた感じに。友人のお祝いに実践してみてください。

　研究の成果や仕事での昇進など、何かを成し遂げた相手への祝福のシーンでどんなときにも使えるセリフは、皆さんご存じ"Congratulations!"です。SNSでも使えるカジュアルな省略形だと"Congrats!"となりますが、どちらにせよ複数形でしか使わないので最後の"s"を忘れずに。

　そこにカジュアルに付け加えるなら、"That's amazing!"（すごいね！）や"You are killing it!"（完璧じゃん！）、"You nailed it!"（決めたね！）などがおすすめ。"kill it"は口語で完璧にこなすこと、"nail it"は、釘を打つことから派生して、「肝心なところでバシッと決める」という意味として使います。サッカーでゴールを決めたとき、オーディションで演技を完璧に披露したとき、就職面接で狙ってたポジションを勝ち取ったときなどのニュアンス。そして、自分がその人のニュースでどれだけ嬉しいかを伝える

には"I am so happy for you!"（自分のことのように嬉しいよ！）や"I am so proud of you."（誇りに思います）がベスト。「誇りに思う」は日本語だと少し大袈裟に聞こえますが、英語では（目上の方には使えませんが）友人相手でも尊敬を込めてよく使う言葉です。

Congratulations!

おめでとう！

That's amazing!

すごいね！

You are killing it!

完璧じゃん！

You nailed it!

決めたね！

I am so happy for you!

自分のことのように嬉しいよ！

I am so proud of you.

誇りに思います。

Awesome!
リアクションの達人になろう

　英語の特徴として、Yes/Noで答えられる質問にはただ答えるだけでなく文章で補足する、褒めたら何が素敵か解説する、質問したときにはなぜそこが気になるか伝える、など主旨を伝えなければいけないという点が挙げられます。ディスカッション精神といいますか、自分の論点は人に任せずに自分ではっきりと伝えなければならないという心構えがあるように感じます。

　私は人から何かポジティブなことを言われたときに"Awesome!"というリアクションを取りがちだという自覚があるのですが、どんなにいいリアクションをしても言いっぱなしは避けるようにしています。一言反応したらそれに追加するのが、良い印象を持ってもらうコツ。例えば…

I've passed the bar!
Awesome! Your dream has come true!
司法試験に受かったよ！
すごい！ 夢が叶ったんだね！

I am joining a tour with Lady Gaga next year!
Seriously? That's crazy! Congratulations!

レディー・ガガのツアーに来年参加することになったんだ！
マジ？　すごすぎる、本当におめでとう！

Look, I bought a new watch!
Cool! It looks so good on you.
見て、新しい腕時計買ったんだ！
いいね！似合ってるよ。

　という具合です。
　いいリアクションは使いまわしても問題ありませんが、その続き
として何を言うかが大事な場面もあるので、常に頭を働かせて説明
ができるようにしておきましょう。

! リアクションのおすすめのフレーズ

Awesome!
すごい！
Nice!
素敵！
Cool! / Incredible! /
Fantastic!
いいね〜！
Really?
まじで？
Seriously?
本当に？

You're joking, right?
嘘でしょ!?
Unbelievable! /
I can't believe it!
信じられない！
I'm happy to hear that!
良いニュースが聞けて嬉しい！

Sorry?

今、なんと言いましたか？

コーヒーを頼みたいだけなのに、店員さんの返答を
聞き取れなかった。先生に質問されたけど、
細部が聞き取れなかった。Zoomミーティングで相手の
英語が速すぎて理解が追いつかなかった…など、
うまく英語が聞き取れずにもどかしい思いをした経験は
誰にでもあるはず。
そんなとき、どう聞き返しますか？

　大学に入ったばかりの頃は英語耳になりきれず、友達との会話
も半分程度の理解でさらっと流していた私。ちゃんと聞き取らな
いと自分が会話に参加できないのはわかっていながらも、いちい
ち聞き返していたら邪魔になってしまうだろうと遠慮して聞き手
に徹していました。

　ただ、授業になると話は別。聞き取れない言葉までしっかり理

解しないと、次回の授業や小テストでついていけなくなります。そこで1学期目に履修していた経済学の先生のオフィス・アワーに出向き、恐縮しながら「すみませんが、日本から来たばかりで英語に慣れておらず、細かいところが聞き取れませんでした。ここを教えてください」とお願いすると、先生は嬉しそうに詳しい解説をしてくれました。

さらに先生に教えられたのは、わからないことはちゃんと質問することの大事さ。英語が聞き取れなかった箇所だけでなく、理解できなかった箇所もその場で積極的に質問することで、先生も学生の苦手ポイントを認識できるということ。そして黙っているだけでは人の話を聞いてないのかと思われてしまい損するということ。

それからの私は、授業のみならず友達との会話でも積極的に「それってどういう意味？」「今なんて言った？」と突っ込むようになりました。友人も先生も全く嫌がらず、むしろ質問されたことに喜んで答えてくれる姿を見て、聞き返すことに抵抗がなくなりました。

日本では定型文のように"I beg your pardon?"（もう一度お願いできますでしょうか？）を最初に習いますよね。大変丁寧で素晴らしいのですが、お堅い言い回しなので日常的に使うことはほぼないのが事実。一番多用するのは"Sorry?""Excuse me?"（今、なんと言いましたか？）の2文です。"Sorry?"は簡潔で、親しい間柄でも目上の人でも敬意を込めて使えるので私はもっぱらこれ

ばかり。"Excuse me?"も丁寧なイメージですが、攻撃的な口調で言うと「なんですって!?」と怒っているように聞こえるので注意。また、仲良しの友人だと"What did you say?"（今なんて言った？）も使いますね。

"What?"は少々乱暴なので本当に親しい間柄のみOK。場面によって変えるのも良いのですが、どんなシーンでも使いたい一文を覚えておくとしたら、"Sorry?"が無難かも。

Sorry?

今、なんと言いましたか？

I beg your pardon?

もう一度お願いできますでしょうか？

What did you say?

今なんて言った？

What?

えっ？

　文章の意味はわかったんだけど、肝心なところだけ聞き取れなかった…！　という場合には、部分的に聞き返すのも便利。わからなかったところだけ疑問詞にすると、相手にすべてを言い直しさせなくて済むので親切です。

We are going to leave at what time?

私たちは**何時に**出発しますか？

We are going to leave at 4 p.m.

私たちは**午後4時**に出発します。

I have good news and bad news.

良いニュースと悪いニュースがあるんだ。

相手ががっかりしてしまいそうな悪い知らせ、
どう伝えよう。早く伝えたいけど言いづらい報告、
なんて言おう…そんな重要なお話を切り出すときの
心の迷いを解決する言葉選びについてです。

　大学時代は全寮制。部屋に帰るとルームメイトがいて、1年生の頃に至っては寮全体の仲が良すぎて、ドアは基本的に開けっ放しにしていました。

　1年目は3人部屋だったのですが、部屋で共に過ごすとなると共有するものがたくさんありました。リビングルーム、湯沸かし器、シャワーといった物理的なものから、考え方、それぞれの国の文化、部屋をうまくシェアするためのルールなど概念的なものまで。多様性を重視した環境だからこそ、しっかりと共有するこ

とで互いの理解を深めていった日々でした。

　仲が良くなってくると、表面上だけではなく深い話もするようになります。学業の悩み、恋愛の悩み、家族の話…部屋でわいわいと団欒するのが1日の締めくくりとして大事な時間でもありました。

　でも、ただの友達というだけではなく「ルームメイト」という関係でもある私たちは、お互いに思ったことはしっかりと伝えるというルールを決めていました。部屋の利用方法で問題があったときや不満があるときなどは、真面目に向き合って自分の本音で話す。大きな報告やニュースがあるときは、お互いにちゃんと伝える。これが、四六時中生活を共にする仲間と長続きする秘訣でもありました。

　深刻な話となるとなかなか切り出しにくいこともたくさんあるのですが、「良くも悪くも今日は何か報告がある日だな」というときによくお互いが使っていたフレーズを紹介します。パートナーや友人と、しっかりと話さなければいけないときなどに参考にしてみてください。

　ポジティブ・ネガティブな知らせの両方に使えるこれらのフレーズ。報告を聞いた衝撃を少しでも和らげたいときに使うのは、"I have good news and bad news." です。「良い話と悪い話、どっちを先に聞きたい？」と聞いたりも。もっと深刻な話になると "I have something to tell you." です。別れ話を切り出すときや相

手を落胆させるような話のときはこれを使いますが、同時にポジティブな報告で相手を驚かすときにも使えます。また「驚かないで」と先に注意しておくためのフレーズや、暗い話の前置きに使えるものも。深刻度合いによって、ニュアンスで選んでみて。

I have good news and bad news.

良いニュースと悪いニュースがあるんだ。

I have something to tell you.

話さなきゃいけないことがあるんだ。

Don't be surprised, okay?

聞いて驚かないでね、いい？

I'm going to tell you something, but don't panic.

伝えたいことがあるんだけど、びっくりしないでね。

I hope this doesn't disappoint you.

がっかりさせないといいんだけど。

Speaking of which,

話題の転換にもお誘いにも使える万能フレーズ

　話の流れの中で、「あ、○○と言えばさぁ～」と、どんどん話が連鎖していくことってありますよね。「○○と言えば」「そう言えばさ」の便利な言い方が、"Speaking of which,"です。

I went to Fukuoka last week!
先週福岡に行ったんだよね！

Oh, speaking of which, I found a nice *tonkotsu ramen* shop near our office.
福岡と言えばさ、オフィスの近くに良さそうなとんこつラーメン屋さんを見つけたんだよね。

Let's try it out sometime soon!
近いうちに試してみようか！

　といった具合。また、噂をすれば…という意味でも使えるのがこの言葉。

I saw Naomi at the party yesterday.
昨日パーティでナオミを見たよ。

How is she doing?
彼女、元気？

Speaking of which, I can see her walking down the street right now!

噂をすれば、そこの道を歩いてるの、彼女だよ！

I heard next Wednesday is a holiday!

来週水曜日って祝日らしいよ！

Speaking of which, would you like to go see a movie with me that day?

じゃあさ、その日私と映画を見に行かない？

　もう少し真面目な話題で「〜と言えば」と言いたいときには、"In terms of...," "Concerning...," "In connection with...," なども使うことができます。

Speaking of which,
あ、その話と言えば、
In terms of...,
…に関して言うと、
Concerning...,
…のことについては、
In connection with...,
…に関連して、

Guess what!

ねえ、当ててみて！

一世一代の大ニュース、
喜びの報告に受賞のお知らせ。
誰かに伝えたい！ そんなワクワクする気持ちを
爆発させるポジティブなニュース、
英語でどう伝えますか？

　私の母校、ハーバード大学は総合大学。さまざまな分野に優れた学生たちが一堂に会するのがキャンパスの特徴です。

　中にはアメフトの強化選手もいれば、ブラックホールの研究をしている人もいるし、幼児の脳の研究をしている人もいればアメリカ文学にめちゃくちゃ詳しい人だっている。カラフルな皆の特技や得意分野がとてもきらきらしていて、自分も刺激を受ける日々でした。

　そんな環境で私が特に好きだったのは、誰かに良いことがあったときの友人たちの喜び方。自分の分野を突き詰めてきた人たちばかりだからこそ、トップに立つというのがどれだけ大変なことなのか、どれだけの努力を重ねてそこに辿り着いたのかがよくわかるのです。

　例えば、力を入れて長年研究してきた科学分野のリサーチャーとしてのポジションを手に入れた人や、目指していた留学奨学金の選抜に選ばれた人、1年かけて仕上げた卒論を書き終えた人など、何かを成し遂げた人に対しては尊敬の念を持って大喜びします。私自身も大学3年生のとき、ヨーヨー・マとの共演が決まって仲良しの友達グループに報告すると相当喜んでくれて、それを見てやっと事の大きさに気づいたほどでした。

　にぎやかなキャンパスライフで学んだ、喜びの報告用フレーズをご紹介します。

　相手を良いニュースで盛り上げたいときは、"Guess what!"が一番気楽に使えるフレーズ。「ねえ、当ててみて！」みたいなニュアンスなので、うきうきしている様子が100%伝わります。また、"I gotta tell you something!"（報告したいことがあるの！）もニュースの大事さがわかりやすくて良いかも。"You are not going to believe this!"は、「これ聞いて驚かないでね！」と驚きと共に伝えます。吉報は言うのも聞くのも嬉しいもの。伝えた相手の反応を想像しながら、自分のテンションにベストなものを選んでみてくださいね。

Guess what!

ねえ、当ててみて！

Hey, I gotta* tell you something!

あのさ、報告したいことがあるんだよね！

*"gotta"は"I have got to"（しなければいけない）の省略形で
カジュアルな言い回しです。（省略形：英会話の際、文を簡略化
するために数語を省略して1語として発音することがあります）

Got a minute?** I have something important to tell you.

ちょっと時間ある？ 大切な報告があるの。

**"Have you got a minute?"の省略形。

You are not going to believe this!

これ聞いて驚かないでね！

Great news!

聞いて、すっごく良いニュース！

コラム ④

#winning
文末に一言ハッシュタグ

SNSを見ていてハッシュタグ作りが上手だなあと感じる人は、略語ではなく1単語で華麗に締めるテクニックを持っていたりします。そのハッシュタグだけでキャプションの読後感を変えたり、くすっと一笑いを加えたり、風景をより鮮明にしたりするのだから、達人技です。

はじめから達人にはなれなくとも、ファーストステップとして使えそうな、クラシックなものを集めてみました。それに慣れたら、キャプションに出てきていないけどストーリーを理解するのに重要なキーワードをつけてみるのがおすすめです。コツは、何事もしつこすぎないこと。シンプルでもいいから一言最後につけることで伏線を回収し、キャプションをきゅっと締めるのがポイントです。

！ おすすめのハッシュタグ

#winning
人に勝ったなと思ったとき、ちょっとドヤりたいとき。
(例えば「ライブの最前列が当たった。#winning」)

#casual
本来はすごいはずのことがいとも自然に起きたとき。
(例えば「カフェにいたら隣の席に
ディカプリオが来た。#casual」)

#oops
うっかりしちゃったとき、それかわざと間違えたとき。
(例えば「プリン食べたらお兄ちゃんのだった。#oops」
「変顔だけど載せちゃった。#oops」)

#candid
素直な姿。特にポーズや表情をキメていないとき。
(例えば「いつの間にか撮られていた写真。#candid」)

#grateful
感謝を伝えたいとき。
(例えば「内定を取ったことをたくさんの人に
祝ってもらった。#grateful」)

You have my word.

約束するよ。

絶対に破れない大きな約束をするとき。
チームの代表として勝負に挑むとき。
私を信じて！ 必ず成功させてみせるから、
と誰かを安心させたいときの
フレーズを紹介します。

　アメリカの大学の学生団体には、ただ楽しむものだけではなく、ほぼプロレベルで活動を行うようなものも多数存在します。多くの卒業生も読む学生新聞、海外で教育プログラムを主催する団体、ショーが必ず全国ニュースになるような俳優グループ…。私が参加していた舞台やオペラのプロダクションもそのひとつ。プロデューサーとして学生オペラを何度か主催し、学生団体とは言えいかに実社会のようにプロの精神で任務を遂行すべきかを学んだ経験でした。

　プロデューサーというのは、いわばチーム全体の雑務役。会場・キャストを押さえたり申請書類を書いたり、オーディションのスケジュールを組んだり資金を集めたりといった裏方をすべて担うのが役目です。もちろんタスクも膨大でかなりの時間と労力を必要とします。

　この場合にリーダーシップに必要なのは、「大人の余裕」と「自信」。どんなに忙殺されていたとしても、自信たっぷりに「これで大丈夫」と告げ、この人に任せておけば必ず成功するに違いない！ とチームの皆に思わせるのがリーダーの役目なのです（といっても、もちろんそれを習得したのは何度か経験してからでしたが）。

　あるオペラ公演の初日が約1ヶ月後に迫った頃、セットなどのデザインも衣装も予定よりも完成が遅れていて、チームの雰囲気が険悪になったことがありました。このままじゃ開幕に間に合わない、リハーサルが組めない…と皆が絶望的に。周りのモチベーションを上げようとしてもうまくいかず、私が最終的に言ったのは「私に任せて。なんとかするから」というワード。その瞬間はベストな手段を思いついていたわけではありませんが、とりあえず約束して安心させ、それから考えるという方策を取りました。リーダーの自信と約束にメンバーが力を取り戻し、大成功の公演にこぎつけたということがあり、その経験は今でも自分の糧になっています。

「約束する」にもいろいろありますが、相手を安心させたいとき

に使う、"You have my word."（自分の言葉は絶対守るから、保証する、というニュアンス）や"Trust me."（信じて）からは責任や覚悟を感じます。"I've (We've) got this."は、「私（たち）なら絶対できるよ」という自信を感じ、"You can count on me."は、「任せて！」という意気込みを感じるワード。相手に自分の自信をどれほど伝えたいかで選ぶとベストです。

You have my word.

約束するよ。

Trust me. I've got this.

信じて、絶対成功してみせるから。

We've got this.

私たちならできるよ。

I promise.

約束します。

You can count on me.

私に任せて。

Believe me, I never fail to meet expectations.

必ず期待に応えるので信じてください。

I have everything under control.

万事うまくいっています。

(直訳：すべて私のコントロール下にあります)

Don't worry. I can handle this!

心配しないで。私に任せて！

I won't let you down.

期待していてください。

(直訳：あなたを失望させません)

Could I ask you a big favor?

折り入ってお願いがあるのですが。

頼みづらいけど、こればかりは人に頼みたい！
折り入ってお願いがあるんだけど…
と声をかけたいときのフレーズを紹介します。

「一生のお願い！」とは、つい人生で何度も使ってしまう魔法の言葉ですが、皆さんが今までにした大きなお願いはなんでしょうか。欲しいもののおねだり？ お金の貸し借り？ はたまた、愛の告白？

　私が人に頼むときにいつも緊張していたのは、「推薦状」のお願い。アメリカでは、学校の入試やオーディションの応募書類、場合によっては就職のときにまで、自分をよく知る先生や上司からの推薦状の提出が必須なことが多々あります。大学入試なん

て特に、「高校時代のあなたをよく知る先生からの推薦状」が必
要で、ただテンプレートのように書いてもらうだけではもちろん
NG。どんな活動に力を入れていたか、どんな性格だったか、な
ぜ自分はこの人を推すのか、など細かく読み手に伝えなければな
りません。

　しかも先生側からすれば、自分が推薦状を書くということは、
その人の才能や行動に責任も持つということ。過去に推薦状を書
いた相手が、のちに重大な失態をやらかしてしまった、などと言
われると自分の責任も問われてしまいます。

　私の場合も、実にさまざまな機会に推薦状を書いてもらわなけ
ればならず、ヴァイオリンの先生やハーバードでお世話になった
教授に頼むことが多くありました。でも、なんといってもかなり
の時間と労力を要するこの作業。いくらよく知る先生方でも、頼
むのは少し腰が引けてしまうという場合も…。推薦状は大抵自分
で読むことができないので、私のことをなんと書いてくれたかは
謎のままなのですが、これまでの道を切り拓くために「どんな推
薦状でも書くよ！」と協力してくださった先生方には、本当に感
謝の気持ちが溢れます。

　そんな大事なお願いをするときには、ぜひこんなフレーズを
使ってみてください。

　お願いをするときに大事なのは、"would"や"could"など英語
の敬語ワードを使うこと。「…していただけますか？」という問

いには"Can you...?"ではなく"[Could / Would] you...?"とするだけで、イメージが一転し丁寧になります。"favor"は「手助け」のこと。「大きな手助けをしてほしいんだ」は"big favor"で表現します。"Is there any chance..."や"Would it be possible..."は、「可能だろうか？」の意味。"willing to"は「〜しても構わない」という意味なので、軽いお願いにはこちらを使ってもOK。

Could I ask you a big favor?

折り入ってお願いがあるのですが。
（真剣な相談のとき）

Is there any chance I could ask you to write me a recommendation letter?

ひょっとして推薦状をあなたに
頼んでも良いでしょうか？

Would it be possible (at all) for you to get the documents for me?

書類を取ってきてもらうことって
可能だったりするかな？

Would you be willing to share your notes on today's lecture?

今日の講義のメモをシェアしてもらえますか？

Hope this email finds you well.
メールの書き方 I　はじめ方編

　日本語のビジネスメールには、「お世話になっております」「どうぞよろしくお願いいたします」というマジックフレーズがあります。どんな内容のメールでも、とりあえずはじめとおわりがテンプレートで決まっているので、内容さえ考えればOK。

！ 英語のメールのテンプレート

　普段、無意識に書いているとあまり気づかないところではありますが、メールの文面は、読みやすさと語感で書いていることが多いのではないでしょうか。きっと皆さんがメールで日本語のマジックフレーズを使うときは、本当にお世話になっているのか？ 何をよろしくなのか？ などわざわざ深い意味を考えることなく、「単刀直入に入ると、唐突すぎてちょっと気まずいなあ」「とりあえず冒頭の挨拶がわりに入れておこう」という軽い気持ちでリズム的に使っているはず。

　それと同じように、英語のはじめの言葉も、深く考えずにはじめてしまえばOK。日本語でいう「お元気ですか？」のノリで "Hope this email finds you well." や "I hope everything is well with you."（直訳：すべてのことがうまくいっていることを願います）などの万能フレーズを使えば、目上の相手にもカジュアルな

相手にも自然にメールがはじめられます。

　また、少しアレンジして“I hope you are having a great week.”や“How are things with you these days?”などタイミングに合った文言に変えても◎。久しぶりに連絡する友達には、SNSで活躍見てるよ！とか、しばらくぶりだね！と頭につけるとフレンドリーさが増します。

　ひとつだけ注意したいのは、主語の省略。“Hope you are well.”“I hope you are well.”でも意味は同じなのですが、主語（“I”）を省略すると少しカジュアルな印象になるので、丁寧に見せたいときには“I hope”ときっちりした文法で書くと良いですね！

I hope this email finds you well.
お元気ですか。（メールをどうはじめたら良いかわからないときに）

I hope everything is well with you.
ご活躍のことと存じます。

I hope you are doing well!
どう？ うまくやってる？

I hope you are having a great week.
素晴らしい週を過ごしていることと存じます。

It's great to see your success all over social media!
SNSでご活躍を拝見してますよ。（久しぶりなときに）

It's been ages since we saw each other, but I hope you are well!
最後に会ってからもうずいぶん経つけど、元気にしてる？
（ages＝くだけた言い方で、長い間）

I hope the summer break is treating you well.
良い夏休みをお過ごしのことと存じます。

Do you have any dietary restrictions?

食事制限はありますか？

付き合う相手が多様化する近年、ごはんにお誘い
するときには、苦手な食材や宗教・思想的に
食べられない食材を聞くのは基本的なマナー。
食事制限について、英語でどう聞いたら良いの？
にお答えします。

　大学の寮の食堂は、ビュッフェスタイルでした。サラダバーに
行けば大抵の野菜はあり、ドレッシングも10種類くらいの中か
ら好きに選び放題。メインディッシュも魚やお肉などタンパク質
の種類が豊富で、温かいお皿に冷たいお皿、スープがある日もあ
りました。味も三つ星レストランとは言わないまでも、顔見知り
の食堂のスタッフさんが心を込めて作ってくださったものを美味
しくいただいていました。

　世界中から多様なバックグラウンドを持つ学生が集まる大学で

の食事は、ひとりひとり宗教や思想により制限がある場合があるので注意が必要です。食堂はビュッフェだから自分に合ったものを選べるようになっているのですが、友人と一緒に気晴らしの外食をするときは、事前に食事制限について聞いておくのがマナーでした。

　例えば、宗教。イスラム教は豚肉を食べない、"halal"（ハラル）のものを食べる、などはよく知られていますが、ユダヤ教の人は"kosher"（コーシャー）という特別なルールがあったり、キリスト教の中でもモルモン教の人はカフェインやお酒を摂らない、という決まりがあったりします。

　また、NGな食べ物も人によりけり。最近はヴィーガン（完全菜食主義者）こそ知られるようになりましたが、肉類はだめでも乳製品や魚介はOK、また体質的に乳製品はNG（ラクトース・イントーレランス）やグルテンフリー、アレルギー体質…など人によって全く違うので、直接聞かないとわかりません。

　私自身、小さい頃からお肉が苦手なので「アメリカに行くとお肉しかないんじゃない？　大丈夫？」と言われることもあるのですが、実際は逆。アメリカにはいろいろな人が住んでいるからこそ、食事に関しては選択肢が豊富にあるのです。

　それでは、英語でどうやって食事制限について聞くのがベストなのか見ていきましょう。

　宗教など全般の食事制限のことは一般的に"dietary restrictions"で表し、特にアレルギーを指す場合は"food allergy"と言います。

例えば自分の家にゲストを招くときには、招待状に"Please let me know your dietary restrictions."と書いておくと良いですし、レストランでも必ず注文時に聞かれます。友人に気軽に聞くのであれば、"Is there anything you do not(cannot) eat?"でもOK。大事なことは、ステーキ屋を予約する前に、卵料理をはじめる前に…とにかく事前にゲストのことを把握しておくことですね。

Do you have any dietary restrictions?

食事制限はありますか？

Please let me know your dietary restrictions by Monday if you have any.

（招待状などで）
もし食事制限があれば月曜日までに教えてください。

I would be fine with anything.

なんでも食べます。

May I ask if you have any food allergies or dietary restrictions?

（レストランなどで丁寧に）
アレルギーや食事制限はありますか？

Is there anything you do not (cannot) eat?

（カジュアルに）食べられないものはありますか？

I am a vegan (/pescatarian/vegetarian).

私はヴィーガン（／ペスカタリアン＊／ベジタリアン）です。
＊魚介類は食べる菜食主義者

I am allergic to shellfish.

甲殻類アレルギーです。

Is it okay to postpone?

延期しても良い？

気になっている人から嬉しいお誘い！
でもその日は予定が…。
どうやって丁寧にお断りしよう？
と悩んだときのフレーズをお届けします。

　私の大学時代に流行った言葉に、"FOMO（fear of missing out）"というものがあります。

　"missing out"（機会を逃してしまうこと）への恐怖、つまり「今どこか私の知らないところで面白いイベントが起きているんじゃないか」「この誘いを断ってしまったら逃すものが大きいんじゃないか」「友達がSNSにあげてるこのイベントに誘われてない…！」と、自分のいないところで楽しいイベントが起きているというのを恐れることです。

　ソーシャルメディアが発達した今、親友がどこで何をしているのか、憧れの先輩がどのパーティに参加しているのか、リアルタイムですぐにわかってしまうことも普通になりました。自分の体験していないものを人が体験することが悔しくて、つい全ての誘いに乗って週末のパーティをはしごしている友人もしばしば見かけたものです。

　社交的にあちこち飛び回る人のことを"social butterfly"と呼ぶこともありますが、忙しい中でもいろんな場所に顔を出す友人は人脈も広いし、アクティブで素敵です。その一方、自分が大事だと思うイベントだけ顔を出す友人は、自分の優先順位の軸を持って判断しているのだなと好感を持ちます。これに限っては大学の友人の中でも人それぞれで、性格ではっきりと判断が分かれていました。あなたは、どちらのタイプですか？

　どちらにしても、自分の大事な用事が被ってしまっている場合にはどんなに魅力的なお誘いもお断りしなければなりません。相手の気持ちを傷つけないように、そして（相手に少しでも好意を持っている場合は）また誘ってもらえるように…気まずくならない断り方を紹介します。

　断るときの基本は「行きたいんだけど」と最初に付け加えること。ぶっきらぼうに「行けない」と言われると誘った方は心が挫けそうですが、次の機会があると思うと気持ちが楽に。そして理由をしっかりと述べることで、納得してもらうことができます。また、"rain check"はもともとスポーツの試合などで雨天順延と

なったときに発行されるチケットのこと。昔ながらの言い方なので、突然仕事が入ってしまったときなどに「ごめん、延期で！」と映画のワンシーンなどで見ることがあります。現代だと"postpone"（延期）の申し出でOK。でも、これは本気で次回行く気があるとき以外は使っちゃダメ…！（その相手と残念ながらご縁がない場合には、忙しいからと逃げ続けるよりも「ごめんなさい、あなたとは行けないの」と伝える方が無駄に気を持たせなくて親切だよ！　と大学のルームメイトに言われたことがあるのですが、日本人の自分が直接的にお断りするのはなかなか難しいものでした…）

Is it okay to postpone?

延期しても良い？

I would love to, but my mother will be in town this weekend.

すっごく行きたいんだけど、
今週末は母が遊びに来るんだ。

Could I take a rain check?

延期させてもらえないかな？（少し古い言い回し）

I'm sorry but I am overwhelmed with work this month. Can we try next month?

ごめん、今月は仕事でいっぱいいっぱいなんだ。
来月はどう？

I really wish I could, but I can't because I have other plans that day.

本当に行けたら良かったんだけど、
他に予定があるからその日は行けないんだ。

I am going to get another drink.
相手の話が長引きそうなときの対処法

　友人に呼ばれた社交パーティやコンサート後のレセプションでは、とにかく人と話すのがミッション。海外では日本のように名刺交換はないですが、いろいろな人と話して人脈を広げることが目的の人がたくさんいます。特に、演奏会後のレセプションや大きなカンファレンスのアフターパーティなどでは、次の仕事に繋がる話もザラにあり少しのチャンスも見逃せません。

　相手も多くの人と話したいと思っている場合が多いので、挨拶を交わして雑談をしたり接点を探したり、仕事の可能性を相談したりと一通り話し終われば、良きタイミングで別の人と話しに行く人が大半…なのですが、たまにすごく長話になるケースもあります。

　もちろん、気が合って仲良くなりたいと双方が思ったのであれば夜通しお話をしても何も問題はないのですが、片方が話にハマってしまうタイプだとうまく切り抜けなければならないときも。

　このトークを終わらせたい！ と思ったときに使えるのが "I am going to get another drink." です。空になってしまったグラスを見せて、もう1杯飲み物を取ってくるので失礼します、とその場を離れます。"I am going to eat some more food before it's gone." と食べ物バージョンでもOKですし、"I am going to say hi to my friends." と別の用事を切り出すのもOK。

いつもは直接的なアメリカ人も、社交の場になると気まずい雰囲気を逃れるために気を遣っていろいろな婉曲表現を考えてきますが、お互い了解の上なので決して失礼ではありません。話し相手が複数人いる場合には、"Excuse me."とシンプルに抜け出すことも可能です。多くの人と話したいときには、うまく次に行くためのスルー力を身につけてみましょう。

　ただ、「飲み物を取ってくるので失礼します」と言われたときに、くれぐれも「私も一緒に取りに行きます」と言わないように！ ここでは空気を読むのも、社交の一部です。

❗ 席を離れるときに使えるフレーズいろいろ

(Please excuse me) I am going to get another drink.
(すみません) 飲み物を取ってきます。(=席を外します)

Excuse me.
少し席を外します。

Nice talking with you!
お話しできて嬉しかったです！

I will talk to you later.
またのちほど。

I am going to say hi to my friends.
友人に挨拶してきます。

Great to see you!
会えて良かった！

Have a nice evening!
夜を楽しんでね！

Would you like to have dinner with me this weekend?

今週末、一緒にディナーに行きませんか？

週末は気になるあの人を誘ってみたい、
今日ちょっと空いてるから友達と一杯行きたい、
そんなとき。気軽にささっと送れる
お誘いフレーズを紹介します。

　大学・大学院時代から卒業後まで、基本的に寮生活やルームシェアをしていた私にとって、ときどき無性に恋しくなるのは「当日のごはんのお誘い」です。

　普段から一緒に住んでいると、たまたま空き時間がかぶったルームメイトと一緒にごはんに行ったり、「1時間後に食堂でどう？」と気軽にメッセージを送ってみたり。誰かとごはんを食べ

るということが普通でした。大学時代は特に、ひとつの寮に400
人ほどの学生が住んでいたのですが、毎日食堂に行っていると自
然に寮仲間と仲良くなり「食堂に行けば誰かいる」と、軽い気持
ちで1人で出かけて行くことも多くありました。

　食堂にはいろいろな人がいます。時間に追われて10分でごは
んをかき込んで走るように出て行く人、友達と楽しく歓談してい
る人、パソコンで課題をやりながら食べ物をなんとなく口に運ん
でいる人、部活帰りにグループで食事を楽しむ人…。それぞれが
お互いの生活をリスペクトしながらも、時間が空いたら積極的に
「今日ディナー行ける？」と聞いて人と会う、そんな文化がありま
した。

　ただし、卒業後はそのように簡単にはいきません。もっと話を
聞いてみたい先輩がいれば積極的に動かないと、当然ごはんの機
会なんてないし、気になる人とは週末にディナーの約束を取り付
けなければ先に進めない。偶然顔を合わせることがないからこそ、
お誘いには気を遣ってしまいます。

　お誘いは緊張して、なんて言っていいかわからない…と思って
も、英語だと回りくどい言い方はおすすめできません。やっぱりス
トレートに聞くのが一番！ 便利な鉄板フレーズをご紹介します。

　丁寧に聞きたいときは"Would you like to..."、そんなに気を遣
わない相手には"Do you want to..."や"Why don't we..."、"Shall
we..."という気さくな質問の形ではじめると簡単です。「ディ

ナーに行く」は"have dinner (with me)"、「飲みに行く」は"go out for a drink"がシンプルですが、"Let's go drinking!"はただお酒を飲む気満々！に聞こえてしまうので使わないように気をつけて。また直前のお誘いの場合は、まず "(happen to be) free"（たまたま）暇かどうか聞くのも良いアイデアですよね。"I was wondering..."は、ちょっと考えてたんだけど…と控えめなニュアンスが出ます。腰が重そうな相手には、"It's on me!"（おごるよ！）と一言付け加えると、来てくれるかも…!?

Would you like to have dinner with me this weekend?

今週末、一緒にディナーに行きませんか？

Why don't we go out for a drink tonight?

今夜飲みに行かない？

I was wondering if you're free for dinner on Friday night.

金曜日の夜ごはん、空いてたりしないかな？

Would you happen to be free tonight?

今夜たまたま暇してない？

It's on me!

私のおごりだよ！

Would you like to have dinner with me this weekend?

ttyl = talk to you later
スピード感に追いつくなら略語をマスター！

　各国のテキストメッセージアプリは、スタンプの仕様や既読マークの付き方が微妙に異なるものも多いですが、海外で主流のテキストツールは自分が文字を打ち込んでいる最中に「...」マークが表示されるものも多いですよね。

　今自分が返事を打ってることが送る相手にバレてるって、プレッシャーに感じることはないですか？（私はそれをかなり感じてしまうタイプなのでついつい早く返してしまいます…）ガラケーでメールを送ったあと、ずっと新着メール問い合わせを押して相手からの返事を待つような時代からは想像もつかないスピード感になりました。

　このスピード感に追いつくには、略語をマスターするしかない…！　ということで、誰もが使う時短略語をぜひ使いこなしてみてください。読むときにはしっかり元の文のように読まれるので、文中に挟んでもよし、略語だけで返してもよし、自由に応用が利きます。用件が２倍早く伝わるかも…!?

ttyl ＝ talk to you later　用事が入ったからまたあとでね

lmk ＝ let me know　知らせてね

hmu ＝ hit me up　連絡してね

idk ＝ I don't know　知らない

tbh ＝ to be honest　正直言って

ngl ＝ not gonna* lie　本音を言うと　*gonna=going toの略

btw ＝ by the way　ところで

np ＝ no problem　問題ないよ

tl;dr ＝ too long; didn't read
　　本文が長いからスキップしてこの要点だけ読んでね

brb ＝ be right back　すぐ戻ります

lol ＝ laugh out loud　（笑）

FYI ＝ for your information　ご参考までに

ASAP ＝ as soon as possible　できるだけ早く

ICYMI ＝ in case you missed it　見逃した人のために

（テキストメッセージだけではなく、メールの本文などで使われるものは大文字
にしています）

I can't wait!

待ちきれないよ！

メールや手紙の文末につけがちな
「楽しみにしています」というフレーズ。
他の言い回しが思いつかず、
つい何度も使ってしまいそうに
なることはありませんか？

　日本の大学の有名な試合といえば野球の早慶戦がありますが、アメリカ東海岸の大学の中ではハーバード大学vs.イェール大学のアメリカンフットボールの試合がとても有名です。

　Harvard-Yaleと呼ばれ、ハーバードのスタジアムとイェールのスタジアムにて交互に秋に行われる試合で、なんと約5万人が観戦するビッグゲーム。ライバル校同士なので、試合の内外で熱いバトルが繰り広げられます。休憩時間には、紙で作られた巨大ブルドッグ（イェールのマスコットキャラクター）をハーバードの

サポーターたちが燃やすというような過激なパフォーマンスも行われていたのは強烈な思い出です。

　相手校のスタジアムで行われるときには前日入りする学生も多いので、学生同士が寮に泊まったり、相互の学校の学生団体同士が共同でイベントを開催したりと、交流も盛んになります。私が所属していたハーバード・ラドクリフ・オーケストラも、イェールのオーケストラと共同でパーティを開いて普段会うことのない仲間たちとのひとときを楽しんでいました。

　そんな中でも毎年注目されるのが、テールゲートパーティ。アメフトなどの試合前にスタジアムのすぐ外で開かれるパーティのことで、出店が並んだりアルコールがサーブされたりと、両校の学生たちや卒業生、地域の人々や先生たちが集まる巨大な野外パーティです。自分の寮からすぐのスタジアムでそれだけのパーティが開催されるのは2年に1度しかないため、その週は授業そっちのけでイベントの準備をはじめる学生もいれば、浮き足立ちはじめる学生も多くいます。

　それだけの大イベントを前にしたら、普段は冷静な学生たちもついワクワクしてしまうもの。明日の試合、楽しみだね！　と友達や先生に言うときに使えるフレーズを紹介します。

　日本語にもあまりバリエーションがない「楽しみにしています」ですが、英語ではいくつか言い換えが可能です。"looking forward to..."はどのシチュエーションでも目上の方にも使える鉄

板の言い方ですが、"excited"もかなり使いやすい決まり文句です。"can't wait""can't sleep"もニュアンスがわかりやすいですよね。"I am so pumped!"は、くだけた言い方ではありますが、"pump"は直訳するとポンプ、つまりやる気が湧いてくることなので、特に試合観戦前などアドレナリンが出る感覚を伝えたいときに便利かも。

I can't wait!

待ちきれないよ！

I am really looking forward to it.

とっても楽しみにしています。
(toのあとは必ず名詞か-ingの形がくるので注意)

I am so pumped (up)!
I'm so psyched!

テンション上がる！

So excited!

楽しみ！

I'm so excited that I won't be able to sleep tonight!

楽しみで今夜は眠れないな。

Are you serious?

本気で言ってます？

思いがけないニュースを聞いたとき。
信じたくないことがあったとき。
「えー、ウソ!?」とつい口走ってしまう
あの感覚、英語でなんと言いますか？

音楽家には、旅がつきもの。

国内で地方公演を回ることもあれば、海外ツアーに出ることもあり。海外に何週間か滞在して音楽祭に出るなんてことも、特に夏のシーズンには多いものです。いろいろな場所を巡れて幸せな職業だなあとつくづく感じることもよくあります。

しかし、旅が多いということはハプニングもつきもので…。

ジュリアード音楽院時代のとある夏のこと。6月にドイツ・ライプツィヒで開かれるバッハ音楽祭に参加するため、ジュリアー

ドの古楽アンサンブル Juilliard415 の仲間たちと意気揚々とヨーロッパへ出かけたことがありました。しかも世界を代表する古楽オーケストラ、バッハ・コレギウム・ジャパンとのコラボレーションということもあり、終始ハイテンションで迎えたツアーでした。

　数日のリハーサル（と、食べ歩き）を終えたのち、ゲヴァントハウスという素晴らしいホールで本番は大盛況。ドイツが世界に誇るかっこいいホールで世界から集まる聴衆の皆さんにたくさんの拍手をもらい、皆で祝いあって幸せに幕を閉じたのでした。

　…と思いきや！

　なんと、帰りの飛行機が遅延とのこと。ニューヨーク行きの乗り継ぎが間に合わず、その夜はフランクフルトに1泊することになったのでした。通常なら「まあ、旅なんてそんなもん」とやり過ごすのですが、そのときは翌日からテキサス州サンアントニオでのコンサートが控えており、まさに"Oh my god."状態。コンサートに間に合わなかったらどうしよう…と、とにかく焦る私は「これ夢じゃないよね？ 信じられない」と呟くしかありませんでした。

　結果、飛行機をなんとか乗り継いで、最後のリハーサルだけ間に合って無事テキサスでの本番を終えることができました。とは言え、到着までの24時間は本当に気が気でなかったのを今でも覚えています。

　皆さん、無理な旅のスケジューリングはやめましょう（自戒の念）。

　飛行機の遅延を知ったときについ出てきた私のセリフ、"Are you serious?"は鉄板の「マジで？」というニュアンス。"No way!"も「ありえない！」という感じで使います。また、"Did I hear you correctly?"（私の聞き間違いじゃないよね？）というのは丁寧になるので、乱暴に聞こえたくないときに有用です。相手が言うことが本当か嘘かわからないときには、"You are playing with me, right?"と「またまた〜！」というテンションで聞いてみるのも良いかも。友人のゴシップを聞いたときや信じられないほど嬉しいニュースを聞いたときなどの軽い・明るいシーンから、悲劇のニュースを受けた暗いときまで幅広く使えるのがこれらのフレーズ。ぜひ覚えてみてください。

Are you serious?

本気で言ってます？
（良くも悪くも信じられないことを聞いたとき）

Did I hear you correctly?

私の聞き間違いじゃないよね？

I can't believe it!

信じられない！

Are you kidding me?
You are playing with me, right?

私のことからかってるでしょ？

You're joking!

冗談だよね？

No way!
(Yes way!)

そんなわけない！
（そんなわけある！）

（テキストなどでふざけて返答して
―辞書的には存在しない言葉遊び―）

コラム ⑧

He / She is cute.
人の褒め方大全

　どんな人でも、褒められて嬉しくない人はいないはず。ドレスアップしてきたとき、なんか素敵な人だなと思ったとき、「あの子って素敵だよね」「今日のあなたは素敵です」と伝えたくなりますよね。ただ、あなたがなんとなく使ったその形容詞には深〜い意味が隠されてるかもしれませんよ…。

！ 褒め方のフレーズいろいろ

He / She is gorgeous. （彼 / 彼女って）整った顔立ちだよね。

He / She is cute.　可愛いよね。

He / She is pretty.　綺麗だよね。

He / She is beautiful.　美しいよね。

He / She is adorable.　可愛らしいよね。

　日本語に訳すと、だいたい「綺麗」「可愛い」という意味を持つこれらの形容詞ですが、それぞれ全くニュアンスが違います。

"good-looking"は、一般的に整った顔立ちを表現するときに使えます。コンテクスト次第では、"handsome"（ハンサム）、"attractive"（惹かれてしまう）、"gorgeous"（後述）という意味合いも。

・gorgeous（男女にOK）は、とても魅力的で華やかという意味で、どちらかというと客観的な感想。大人っぽさを褒めたいときに。言

い方次第では「惹かれる」という意味にも。

•cute（男女にOK）は可愛い・かっこいい（イケメン）という意味がありますが、「私あの人のこと好きかも」というニュアンスを含む場合もあるので要注意。"I think he's cute."（私、彼のことすごくかっこいいと思う＝好きかも）という使い方をしたりします。

•pretty（主に女性に）は外見が整っていて美しい、綺麗という意味。こちらも大人っぽさを褒めたいときに使いますが、cuteとgorgeousの間くらいのニュアンスです。

•beautiful（主に女性に）外見が整っていて美しいというときに使いますが、外見だけではなく性格が美しいときにも使うのがこれ。

•adorable（主に赤ちゃんや若い人、ペットに）は可愛らしい、愛くるしいという意味があるので、赤ちゃんや子猫など小さいものや初々しいものを表現したいときに使えます。また道端で手を繋ぐ老夫婦を"That old couple is adorable."と言ったりと、何か愛らしいものを見たときに。

　という細かいニュアンスがあるので、むやみに"You are cute!"なんて声をかけると、誘われてるのかな？と勘違いされてしまうかも。

　このようにいろいろな表現方法がありますが、実際の生活では見た目のお話はかなりセンシティブ。本人の性別に適していない言葉選びをしたり、こちらは褒めたつもりでも本人が気にしているポイントにコメントしてしまったりすると、誤解を生んでしまうこともあります。

　本人に直接声をかけるのにベストなのは、アクセサリーや服装を褒める技。街ゆく人にも"I love your T-shirt!" "Nice necklace!" "Your outfit is beautiful."と声をかける人を見かけることもあります。外見ではなくセンスなら、「怪しい」と思われることもなく気軽に相手を褒められるのでおすすめです。

What exactly do you mean…?

…を明確に教えてもらえますか？

あれ？ 今相手が言ったこと、
よく意図がわからなかった…でも周りは特に
疑問に思っていなそうだし、聞くべき？
やめるべき？ どうする、俺？ という
パニックを回避するフレーズのお話です。

　大分で育った私は、高校までの教育はザ・日本式。基本的には先生のレクチャーを聞き、真面目にノートを取って、復習・暗記して、テストで高い点数を取る、というのが良い成績への近道でした。もちろんわからないところは聞いて良いと言われていましたが、授業中に生徒が口を挟むことはあまりなく、受け身が基本パターン。

　ところが大学に行ったらその状況が180度チェンジします。授業中に発言するのは当たり前、意見も反論もぶつけまくってなん

ぼの世界。最初は戸惑った私も、あることに気がつきました。

そうだ、質問をすれば良いんだ…！

たとえ議論に対して自分の意見が固まっていないとしても、黙っているのではなくてあえて質問することで、先生に「ここを悩んでいるから意見が固まらない」＝「考えていないから黙っているわけではなく、議論に参加したいから真剣に悩んでいるんです」という意欲をアピールすることができます。

日本式ではそんな必要もなかったですが、次々に手が挙がるアメリカ式では黙っていることは命取り。些細な質問も遠慮なくぶつけるクラスメイトを見て勇気づけられ、「わからないことはすぐに聞く」が癖になっていきました。

これは社会に出てからも同じ。特に細かい部分を詰めなければならないような大切なミーティングでは、詳細に突っ込んだ質問をすると、問われた方も"That's a good question!"（良い質問だね！）と優しいリアクションをしてくださることが多く、風通しの良い環境が作り上げられていました。

意味がわからないとき、もっと意図を汲み取りたいとき、詳細を知りたいとき。質問のフレーズを使って、もやもやした疑問を完全に払拭してしまいましょう。

「ひとつ質問をしても良いですか？」は"Can I ask a question?"

ですが、細かく主旨を聞きたいときは"What exactly do you mean...?"（…を明確に教えてもらえますか？）"Could you clarify...?"（…を明確にしてもらえますか？）などが有効です。英語はとにかく具体性が大切。ただただもやっと質問するだけではなく、どこがわからなかったのか？ 特にどこを明確に答えてほしいのか？ を加えると、相手にも何を回答すれば良いかが伝わるのでとても親切です。

What exactly do you mean when you say…?

…という言葉であなたが伝えたい意味を
明確に教えてもらえますか？

I would like to ask a question about…/

May I ask you a question about…?

…について説明してもらえますか？

Sorry. I don't quite understand what you mean when you say…. Could you explain it further?

すみません。…がよく理解できません。
詳しく説明していただけますか？

Could you please repeat your last point?

最後におっしゃった点について
もう一度繰り返していただけますか？

Could you clarify what you mean by…?

…について詳細を教えてもらえますか？

Don't take this personally, but...

個人的に受け取らないでほしいのですが…
（気にしないで）

会議や議論をしていると、相手の意見に反論しなければ
いけないときもしばしば。悪気はないのに、
本人に嫌われたらどうしよう…とか、この人私のこと
嫌いなのかな…と思ったこと、ありませんか？
それを回避するための一言のお話です。

　前章でも触れましたが、大学の授業でも、仕事のミーティング
でも、アメリカの議論の基本はとにかく「発言」すること。自分
が言おうと思っていたことを前の人に言われようが、特にアイデ
アがなかろうが、何かしら発言してその場に貢献をしなければ、
存在を認められないというシビアな環境です。大学では発言しな
ければ参加点すらつかないことも。

　そもそも学校では先生の講義を聞くのがメインの「受け身」の
教育スタイルが多い日本で育った私にとっては、毎回授業で意見

を述べるだけでも難しかったのですが、そんな中でも一番ハードだったのは人に反論することでした。

　まず反論するには自分がそれだけ強い意見を持っていること、そして攻撃的になりすぎて相手が気分を害してしまわないか…という気遣いも大事。相手の意見の良いところを褒めながら持論を展開する手法をマスターして気兼ねなく反対意見を言えるようになるには、それなりに時間も覚悟も必要でした。

　相手が批判を個人的にとらえてしまうんじゃないか？ と心配になってしまったとき、「悪気はないんだけどさ」と付け加えて、シンプルに論理立てて説明するだけで相手に与える印象も変化したものです。

　とは言え、そんなことで気分を害さないのが議論マスターのアメリカ人。ミーティングや授業が解散となった瞬間に、「お疲れさまー！ ランチ行く？」と完全に元通りなのが気持ち良いところです。反論＝「より良いアイデアを見つけるための効率的な手段」とわかっているからこそ、個人的にとらえることなくさっぱりしているのです。

　"Don't take this personally."は「個人的に受け取らないで」、つまり、あなたのことを個人攻撃するつもりはないのです、という意味。"attack"はより物理的な攻撃を意味しますが、"offend"は気分を害するときのニュアンス。"I don't mean to offend you, but"は「失礼だったら申し訳ないのだけれど…」という予防線です。

全面的に賛成なんだけどちょっと一言付け加えたいな、と思ったら"just as a bit of advice"と言うことで「ちょっとしたアドバイス」と謙遜の姿勢を伝えることも。議論で相手がどう受け取っているか不安に感じたときにはひとつ付け加えてみると安心です。

Don't take this personally, but...

個人的に受け取らないでほしいのですが…
（気にしないで）

I don't mean to offend you, but...

失礼だったら申し訳ないのだけれど…

Just as a bit of advice, I suggest that you...

ちょっとしたアドバイスとして
とらえてほしいのだけど…

Nothing personal, but...

悪気はないんだけど…

It's not a personal attack.

個人的な恨みはないんです。

I hope this doesn't offend anyone, but I think...

気分を害さないことを願っていますが、
私が考えるのは…

That is a great point, but I would like to suggest that...

それは素晴らしい意見だけど、
…という提案はどうかしら？

I couldn't agree with you more!

大賛成です！

「その話すごくわかる！ 大賛成！」
「さらに付け足すと…」
今回は、議論をスムーズに
進めるコツについて。

　ディスカッションや議論と聞くと、なんだか堅苦しい討議の場をイメージする方も多いのではないでしょうか。どちらサイドに立つかを決めて、制限時間内に意見をまとめて主張し、さらに相手の意見に反駁する…それは公式なディベートの話。そこまで堅苦しくはならずとも、私たちの日常生活にはたくさんの議論の場が詰まっています。

　例えば友人たちと映画を見た帰り。「あのシーンはどう解釈をした？」と聞くと、十人十色の意見が返ってきます。もともと人

によって見方が異なるのは当たり前だという認識があるので、人のことを気にせずどんどん新しい解釈を口にする仲間たち。かなり刺激になります。

　英語の会話で面白いところは、気軽な会話でも真面目なディスカッション用語を使ったりするところです。日本語での会話だと、「完全に同意します」「それに加えて…」などお堅い言葉を使うと、何言ってるの？ となってしまいそうですが、英語は意外と真面目な言葉遣いが日常だったりします。

「え、その意見すごくわかる！」「しかもその後のシーンってこうだったよね!?」と気軽に見えるこんな会話も、ディスカッション用語を使えばカジュアルになりすぎずに丁寧な言葉遣いで返すことができます。

　相手の意見に同意するときに使えるのは、カジュアルな"Yeah!"だけではありません。いろいろな語彙を増やして、少し大人な返し方、身につけてみませんか？

　人に賛成するときの鉄板フレーズは"I agree with you."です。これを応用すると、"I couldn't agree with you more!"（これ以上同意できない！）＝大賛成！ や、"I totally agree with you, and..."（完全に同意しますし、しかも…）で次に繋げることもできます。また、人の意見に同意した上で付け加えるときには"Going off of what ___ said,..."という言い方がよく使われます。さらに、グループで１人ずつ感想を求められたときの最後の１人になっ

てしまい「もう皆が全部言ってしまったから言うことない…！」という状況で使える "I agree with everything that has been already said." (もう皆がすでに言った通りです) という言い回しも。

I couldn't agree with you more!

大賛成です！

I agree with you.

同感です。

You're right!/ That's right!/ That's absolutely correct!

その通り！

I totally agree with ___, and I also think that…

完全に___さんに同意ですし、
さらに付け加えると…

Going off of what ___ said,…

___さんの言ったことに乗っかると…

I agree with everything that has been already said, but let me add this.

もう皆さんがすでに言った通りですが
ひとつ付け加えさせてください。

It's my bad.

ごめん、私のせい。

ごめん、やってしまった！ 私のせいです。
誰にもミスはありますが、自分の間違いだと
言い出すのはどんなときでも勇気がいるもの。
カジュアルにも、ビジネスでも。少しでも伝えやすく
するための謝罪フレーズをご紹介します。

　アメリカ人はちょっとやそっとでは謝らない、とはよく聞くお話。たしかに、謝ることは自分の過ちを認めてしまうことになるので、契約が重要かつ訴訟社会であるアメリカで謝罪の言葉を頻繁に聞くことはありません。一度自分の過失を認めてしまったが最後、責任を取らされることになってしまうからです。ただ当然ながら、謝ることがないわけではなく、謝るべきと思うシチュエーションが文化的に違うというのが事実。

　日本では少し何か間違えただけでも「ごめん」「すみません」

と反射的に言うことが多く、特に悪いことをされたとも思っていないのに、ちょっとしたことで「ごめんなさい」「失礼いたしました」と言われることもあります。

　私は日本の文化の方が長いので、最初は小さなミスや失礼があるごとに日本語の感覚で「すみません」を"I'm sorry."と伝えていたのですが、"Don't apologize!"（そんなことで謝らないで！）と言われることが増え、それ以来は本当に謝るべきなのか考えるようになりました。郷に入っては郷に従え、ではありませんが、やはり文化に合った言葉遣いをしたかったからです。

　例えば狭い道で自分が通りたいから避けてもらうときは、"Excuse me."（失礼します）の方が適切だったり、謝罪するほどのことでなければ"my bad"（悪かった）で十分であったり。相手との関係性などによって"I'm sorry."を使わなくても良いシチュエーションがあることを学んだのです。

　そうは言っても、ビジネスの場でつい自分がやってしまった間違いや、友人とのケンカで明らかにこちらに非がある際には潔く認めて謝ることが大切です。そのときにはしっかり"I'm sorry."と告げれば相手もわかってくれるはず。

　ちなみに、アルゼンチン人の音楽仲間に「ごめんなさい」ってスペイン語でなんて言うの？　と聞いたら、「アルゼンチン人はほぼ謝らないよ（笑）」と冗談を言われたこともありました。すぐ謝るか謝らないかには文化の違いが大きいようで、もし海外の方に会う機会があったら、どっちのタイプかリサーチしてみるのも面白いかもしれません。

友人同士でぶつかってしまったときや、ドラマの展開について口を滑らせてしまったときなど、会話の中で軽めに謝りたい場合は、"Oh, my bad."や"Oops, sorry."などくだけた言い方でもOK。逆にビジネスなどで取り返しのつかないミスをしたときには"I will take full responsibility for this."(この件に関してはすべての責任を私が負います)など責任感を見せたいところ。ケンカをしたときなどは"I'm sorry for what I said last night."(昨夜はあんなこと言ってごめんなさい)"I was wrong about that."(私が間違ってた)など、真面目な姿勢で誠実に謝りましょう。

It's my bad.

ごめん、私のせい。(くだけて)

I am to blame.

悪いのは私なの。

It is my fault.

それは私のせいです。

It is not your fault.

あなたのせいじゃないよ。

My apologies.

ごめんなさい。

I am responsible
for the mistake.

その間違いは私の責任です。

I will take full responsibility
for this.

この件に関してはすべての責任を私が負います。

I'm sorry for what I said
last night.

昨夜はあんなこと言ってごめんなさい。

There is no doubt that...

…にはなんの疑念もありません。

「〜だと思います」
多発問題を解決！
言い換えに使える代用動詞
いろいろを紹介します。

小学校の読書感想文、覚えていますか？

原稿用紙を埋めようという魂胆であらすじを書けば怒られ、内容の薄さを指摘され、そして極め付けには、文末が全部「思います」で終わってるじゃないか、と呆れられ…。なんていう記憶、ありませんか？（ない！ というあなたはとっても優秀だったはず…）

実はその「文末」問題、英文の構成にも大いに関係があるのです。日本語の「〜だと思います」くらい頻繁に英語で使いがちなの

が、"I think"構文。話しはじめる際につい言ってしまい、「また
やってしまった…」と思うことも多いはず。そもそも人が話す文
はその人が思っていることであるのは当然なので、「思う」とい
う動詞はわざわざつけなくても良いはずなのですが、思いつくま
まに話してしまうのが人間ですよね。

　断定を避けたいときに使いがちな"I think"ですが、英語では断
定の文はそこまで強く聞こえません。むしろ、はっきり言う方が
わかりやすいのが英語。

　話し言葉が上手だなと感じる英語話者の方は、やはり語彙数が
豊富なことが多いです。自分が話すときはもちろんのことですが、
人の話に反応するときも、ただ直感的に浮かんだありきたりな言
葉のみを話すのではなく、状況次第で巧みなワードチョイスをし
ます。この機会に、まずは"I think"を言い換えてみてはいかが
でしょうか？

　"I think"には、「確信的」なものと「懐疑的」なものがあります。
前者は例えば、「きっとうまくいくと思います」のようなもの。
「きっとうまくいきます」では強いので日本語の感覚では「思い
ます」をつけたくなりますが、英語では不要です。後者は、「お
そらく明日は晴れると思います」のように100％の自信はないの
でとりあえず「思います」をつけるパターン。この場合は、
"I assume" "It seems like"で代用してみるのが吉です。会話をは
じめる前に一度立ち止まって、どんな動詞が使えるかな？ と考
えてみてください。

There is no doubt that this project will succeed.

このプロジェクトの成功にはなんの疑念もありません。
（成功すると思います、の言い換え）

I strongly believe that I will be a great addition to the team.

私がチームの力になれると強く信じています。
（力になれると思います、の言い換え）

I can confidently say that we will meet the deadline.

締め切りに間に合うと自信を持って言えます。

I am absolutely positive that we will do well in the competition.

大会本番でうまくやると確信しています。

I am certain that I have all the necessary papers.

必要書類はすべて揃えたと確信しています。

I assume that they have arrived already.

彼らはもう到着していると推測します。

It seems like the food is ready.

食事はもう準備できているようです。

コラム ⑨

That being said,
意地は張ってもやっぱり好きなニューヨーク

ネイティブ話者が使う見慣れない語句に "**That being said,**" があります。例えば…

In New York, the subway is terrible and the streets are always crowded. That being said, I love the atmosphere of New York.

このようにして使われ、

ニューヨークでは地下鉄も使いづらいし道路もいつも混んでる。とは言っても、ニューヨークの雰囲気が大好きなんだよね。

という意味。この「とは言え」「とは言うものの」「そうは言っても」というニュアンスの語句が、"**That being said,**" です。

おそらく似た意味で見覚えのあるフレーズだと "**in spite of that,**" や "**even though,**" があると思いますが、それよりも気楽に使えるのがこれ。"**That said, / That being said, / All that said, / Having said that,**" などいくつか言い回しがありますが、そんなに悩まずに使えるのが魅力的です。

ニューヨーカーはよく"I have a love/hate relationship with New York City"（私はニューヨークの街と愛憎関係にある）と冗談で言うことが多いのですが、それはニューヨークの住みづらさも良さも知っているから。

　地下鉄の匂いや混雑するタクシー、観光客の多さや人にぶつからずには歩けないタイムズスクエアなどにいつも文句を言い続けていますが、やはりこの眠らない街でニューヨーカーとして日常を過ごすことが大好きで、忙しい街とそこに住む人間たちには心から魅力を感じているのです。

　もしニューヨークに住んでいる人に会ったら、"Do you like living in NYC?"と聞いてみてください。きっと、文句をたらたらとつぶやいたあとには"That said,"と前置きをしてポジティブな意見に変えてくるはず！

❶ とは言うものの…いろいろ

That said,
That being said,
Having said that,
In spite of that,
Even though...,
Although...,

Are we on the same page?

私たちは共通認識を持っているということで良いですか？

言ってること、ちゃんと通じてるかな？
と不安になったら、躊躇せず相手に尋ねると
のちのちの誤解が防げるはず！
「言ってる意味わかる？」を数パターンお教えします。

　音楽家がリハーサルをするとき、音楽家同士のコミュニケーションは音楽を通したものと言葉を介したものの2つに分かれます。

　前者は演奏しながら行う非言語の対話で、細かなテンポや表現のニュアンスなどを、お互いの音を聴きながら確かめることができます。少しずれたらその場で微調整ができますし、たとえ100％揃っていなくとも本番を楽しむスリルが生まれるので、ある程度音楽の方向性を共有できればOK。

　後者は表現やアレンジを考えたり、セッションをするときに構

成を言葉で打ち合わせる部分です。ある程度話して流れを確認してから演奏する方がスムーズにいくこともありますし、それは奏者や曲次第だったりもします。

　ニューヨークには私がよくYouTubeチャンネルのためにセッションをする仲間がいます。ポップソングを何度か通して聴いて耳コピし、その日空いてた音楽家がその場でアレンジを考えるという究極の遊びセッション。

　楽譜もなければ曲も知らない状態からはじまるので、すべては感覚で決めていきます。ベースのコードはこんな流れ、このソロはストリングスが担当して、トランペットがメロディーを取って、イントロはドラムで、サビに戻ったらもう最後はフルコーラスいこうか。大丈夫？　意味わかる？　と本当にこれくらいのノリで次々と構成が決まっていきます。

　もちろん、1回流れを打ち合わせただけではよくわからなくなってしまうこともしょっちゅう。"Are we on the same page?"（私たちって共通認識を持ってるかな？）と理解をすり合わせながら演奏して、最終的にひとつの作品になります。私は"Does it make sense?"（私が言いたいこと、通じてる？）を連発して自分のアレンジの筋がちゃんと通っているか確認し続けていましたが、うまく最後の音まで辿り着けたときの喜びはひとしお。ニューヨークならではの楽しいセッションの思い出です。

　"Are we on the same page?"は文字通り、「同じページにいる？」という意味。つまり、「同じように理解してる？」という確認のためのフレーズ。私がよく使っていた"Does it make sense?"

も、「この意味通じてる？」というようなニュアンスで、理解度の確認をします。"Do you get it?"は普通に「わかる？」という意味もあれば、ジョークを飛ばしたあとに"Get it?"と聞くと、「今の、何が面白いかわかる？（ニヤリ）」という意味になります。日本語で「意味通じる？」は少々きつく聞こえますが、英語では気にならないので、誤解が生まれる前にひとまず理解度を尋ねてみることをおすすめします。

Are we on the same page?

私たちは共通認識を持っている
ということで良いですか？

Do we agree on this?

全員同意見ですか？／皆これでOK？

Does it make sense?

私が言いたいこと、通じますか？

Do you get it?

わかりますか？／わかる？（部下や友達に）

Do you get what I am trying to say?

私が何を言おうとしているのかわかりますか？

Do you understand what I mean?

私の言う意味、わかる？

I am not perfectly sure if I have described it well, but does it make sense?

良い説明ができたか自信がないのですが、
私の言いたいことは通じましたでしょうか？
（目上の人に使う）

What did I miss?

何を話していたの？

会議に遅れて入ったとき、
途中で席を外さなければいけなくなったとき、
映画の途中でお手洗いに立ったとき…
いない間に何があったか
気になったら、このフレーズ！

　ハーバードの学生は、テトリスのようなハードスケジュールを組みがちです。興味範囲が広く、それゆえ所属する学生団体も多く、さらに勉強も真面目にやりたい学生たちは、それを全部詰め込んだ結果、睡眠を削るしかないような日々を過ごしていました。

　私も例に漏れず詰め込みがちなタイプ。周りの友人が皆前述のような性格なので、30分あればイベントに顔を出せるな、とか1時間移動時間があるなら電話で打ち合わせできるな、と考えてしまう癖が大学生活でついてしまいました。

　大学生活のスケジューリングで一番のピンチだったのは、トリ

プルブッキングをしてしまったとき。厳密に言えば、あえて３件を同じタイムスロットに入れることで用件を断らずに済むぞ、と考えていた自分がいました（今ではもう絶対にしませんが…）。頭の中では、３件の用事が少しずつずれていたため、すべてにうまい時間割で顔を出せるはずだったのですが…。

　まず、１件目のイベントが長引くという事態に。大学内でもかなり重要なディナーイベントだったため、席を外すことができずそのまま滞在していたら、２件目の演奏のリハーサルのメンバーから猛烈な勢いでメッセージが届きはじめます。やばいと思ってリハーサルに駆けつけ謝りながら演奏し、さらに３件目の別の学生団体の会議に行くと、もう終わりかけ。キャッチアップしようと"What did I miss?"（私がいない間になんの議論をしたの？）と聞くも、ただ迷惑をかけるだけという結末に。

　結局誰の信頼も得られずに終わったその日は身体的にも精神的にもどっと疲れがきてしまい、もうトリプルどころかダブルブッキングはするまい、と心に誓った機会でした。今振り返れば良い経験だったと感謝していますが、"What did I miss?"と聞いて"Everything!"と皮肉たっぷりに返されることのないように、詰め込みすぎや遅刻には気をつけましょう…！

　"What did I miss?"は、直訳すると「私は何を逃した？」です。つまり「私がいない間に起こったことを教えて」という意味。それと一緒に使える"Could you fill me in?"は"fill"（空白を埋める）という意味から「私が逃した詳細を教えて」というお願いをするときのフレーズ。"You didn't miss much."と返事がきたら、特に大事な内容はなかったという意味なので一安心です。会議に遅刻

したけどボスがあと2分で来る！ とりあえず重要ポイントだけ教えて！ というときは "What do I need to know?"（何を知っておく必要がありますか？）"Can you summarize the points?"（必要箇所だけ要約して！）と尋ねて、なんとか乗り切りましょう。

What did I miss?

何を話していたの？
（少し離席したとき、遅れて会議に参加したとき）

You didn't miss much./ Nothing important happened.

特に大事な内容はなかったよ。

Could you fill me in?

逃した内容を教えてくれる？

Sorry, I had to step out. Could you help me catch up?

すみません、席を離れなければなりませんでした。
内容を教えてくださいますか？

What do I need to know?

何を知っておく必要がありますか？

Did anything important happen while I was away?

私がいない間に何か
重要なことは起こりましたか？

Could you briefly summarize the things you were discussing?

議論してたことを簡潔に要約してくださいますか？

Is this seat taken?

この席は、空いていますか？

新しい環境に新しい仲間。初対面の挨拶が
どうしても緊張してしまう方は、
「隣空いてる？」で
仲良くなってしまいましょう！

　新しい環境に入ってすぐの頃に友達がいなくて寂しいのは、世界共通の困りごと。誰とでもすぐに仲良くなれるタイプなら良いのですが、人に話しかけるのが苦手なタイプには、最初の１ヶ月はなかなか大変な暮らしを強いられることがほとんどです。

　ハーバード大学の１年目は、そんな人を救うため（？）に全員が同じ食堂で３食を共にすることになっています。Annenbergという名の木造の食堂で、天井は高く、過去の大学の偉い人たちの肖像画が飾られ、テーブルがずらっと並んでいる、まさにハリー・ポッターの世界。そこを１年生約1600人全員が使うこと

になっているため、自然と毎日顔を合わせるようになります。もちろん席の数も限られているので、知らない人と隣同士になることも多々あります。

　そこで重要なのが、声のかけ方。私がよく使っていたのは、"Can I sit here?"や"Is anyone sitting next to you?"と、とりあえず席を理由に声をかけることで、まずは知らない人の隣をゲットする方法でした。

　特別なことは何も必要ないのですが、「席空いてる？」「ご一緒しても良い？」と最初の一歩を踏み出すと、相手もノリノリで返してくれることがほとんどです。そこで間髪を容れずに"Hi, I'm Sumire."と自己紹介。そうすると1年生同士、友達を増やしたいという共通の認識もあるのですぐに話の輪に入れてくれて、一緒にいるメンバーを紹介してくれます。1年目はこうして友達ネットワークを広げることが第1ステップとなっていました。

　また、ごはんを食べに来た食堂に知り合いがおらずに心細いときに助かったフレーズは、"I will keep you company if you are here alone."（1人なら、一緒にいてあげるよ）というもの。"keep you company"は、「一緒にいる」という意味で、まだ友達が少なかった頃には有り難さに感激しました。

　1人では手持ち無沙汰なパーティのような場所でも活躍するフレーズ。もし気遣って一緒にいてくれた人がいたら、"Thank you for accompanying me."（一緒にいてくれてありがとう）とお礼を伝えるのを忘れないようにしましょう。

　今回のフレーズは至ってシンプル。空席を見たら突然座るよりも隣の人に念のためお断りを入れるのがマナーですので、"Hi! Is this seat taken?"（この席はどなたか使っていますか？）と聞きます。"May I join you?"（ご一緒しても良いですか？）と聞けば大抵話の輪に入れてもらえますが、大事なポイントは、黙って座るのではなく、とにかくすぐに自己紹介をすること。相手のガードがとれ、気まずさゼロの状態で会話に交ざることができます。NGなのは、隣に座っておきながら名乗りもせずただ笑顔で黙って人の話を聞くこと。「何しに来たの？」と思われてしまうので、ここはフレンドリーにいきましょう！

Is this seat taken?/
Is anyone sitting here?

この席は、空いていますか？

May I join you?

ご一緒しても良いですか？

Just call me Sumire.

Sumireって呼んでください。

Let me introduce you to___.

___を紹介するね。

Would you like some company?

一緒にいようか？／同席しようか？／一緒に来てほしい？

I can keep you company if you would like.

もし誰かにいてほしいのであれば同席するよ。

Thank you for accompanying me.

一緒にいてくれてありがとう。

I don't think we have met.

はじめましてですよね。(よろしくお願いします)

立食パーティでたくさんの人に会うのに、
慣れなくて気まずい初対面の挨拶。
スムーズな会話のきっかけを教えて〜!
というあなたに、ご提案です。

コンサートのレセプションに資金集めのガライベント、発売記念パーティに結婚式…何かとお祝いをしがちな海外のパーティ事情ですが、ここでも初対面の機会が多発します。結婚式などのパーティの招待状には "You are invited to bring a plus one." と書かれていることもあり、「"plus one"(ゲストが呼びたい人)を1人だけ連れてきても良いよ」という意味です。夫妻の場合はパートナーを連れて行くこともありますし、デート中の気になる人を連れて行くことも。もちろん、パーティの場合は気心知れた友人を連れて行くこともよくあります。

　小規模のパーティの場合は、主催者がだいたいのゲストを把握
しており、ゲスト同士も知り合いの場合がありますが、規模が大
きくなるにつれ、ゲストとその"plus one"を含めると面識のない
人が多くなります。

　そんなときに挨拶のきっかけとなるのは、「紹介」か「お会い
したことないですよね？ の術」の2パターンです。

　一番自然なのは、自分と一緒に行ったゲストが相手に紹介して
くれること。自分の友人を人に紹介するというのは基本のマ
ナーなので、ほとんどのケースがこれです。"Let me introduce
you to ___." "Please meet ___."と紹介してもらえれば、名乗っ
て握手して挨拶は完了。

　次に多いのは、意外と自分で話しかけるパターンです。ゲスト
同士が話し込んでいるときにその仲間同士で挨拶したり、さらっ
と挨拶のきっかけを作ったりしたいとき。"I don't think we have
met."（お会いしたことないですよね？＝はじめましてですよね）
と話しかけることで、自分の名を名乗る自然な流れを作り出しま
す。あまりにも常套手段なので、もはや挨拶の一部になりかけて
るほど。突然"Nice to meet you!"と言うよりも自然なのでよく使
われます。

　ちょっと仲良くなってみたいなと思った相手には、間違いなく
最初のハードルを下げることができるので、とてもおすすめのフ
レーズです。

"I don't think we have met." や "Have we met before?"「お会いしたことありますか（ないですよね）？」を、"Nice to meet you."「はじめまして」の代わりに使うというこの便利な手法。これが使えれば挨拶には無敵ですが、人を紹介するスキルもとても大事です。紹介時もきっかけとして "Do you know each other?"（2人は会ったことある？）とあえて聞くことによって自然に見せることもあり、とにかく社交の場ではスマートさが大事なようです。パターンを覚えてしまって、戸惑うことなく挨拶できるようになるとかっこ良いですね。

I don't think we have met.

はじめましてですよね（よろしくお願いします）。

Have we met before?

お会いしたことありますか（ないですよね）？

Do you know each other?

2人は会ったことある（ないですよね）？

This is my old friend, ___.

こちらが古い友人の___さんです。

Please meet ___.

___さんを紹介します。

Let me introduce you to___.

___を紹介するね。

May I have the pleasure of introducing ___?

___さんをご紹介できて光栄に思います。

Let me introduce you to my colleagues.

同僚に紹介させてください。

Would you like anything to drink before the reception starts?

これで迷わない! パーティ前のABC

　パーティの心得を身につけたところで、意外と戸惑いたくないのが開始直前の立ち振る舞い。会場で知り合いを見つけたり、友達ができたりしてしまえばもう慣れたものかもしれませんが、はじめての会場や知らない雰囲気のイベントでは緊張してしまいます。

　大学時代は上級生の寮で毎学期末に大きなパーティが行われており、期末試験が終わったらそこで仲間たちとぱーっとはしゃぐのがお決まりとなっていました。学校がこのパーティに大規模な予算を割り当てるので、ライブバンドが来たり豪華なケータリングが来たり、業者が寮を装飾に来たりととにかく派手。直前になると、誰と行く? 何着る? どこの寮のパーティに呼ばれた? あなたの寮の今年のパーティテーマは何? とその話題で持ちきりになっていました。

　大きな会場だとまずはコートチェック(クローク)にてジャケットや大きな荷物を預けるところからはじまり、ウェルカムドリンクを1杯いただき…などいろいろと手順もあり、最初は戸惑うことも。パーティ文化に慣れるための一番良い方法は、イベントに行くための「デート」つまり相手を見つけること。よく "Who is your date?" と聞きますが、イベントに参加するために一緒に来てもらう相手

のことを"date"と呼ぶことがあります。

　え、デート相手？ そんなパートナーいないし…と気を張る必要はありません。付き合っている相手や結婚相手でなくても、一緒に楽しめそうな相手ならOK。

　相手にエスコートしてもらったり、誰かに一緒に来てもらったりするだけで、パーティの楽しみもぐんと増えるもの。ワクワクするお誘いを受けたら、友達や気になる人を誘って行ってみることを断然おすすめします！

❗ パーティ開始前のフレーズいろいろ

[Do you need / Would you like] anything to drink before the reception starts?

レセプション開始前に何かお飲み物はいかがですか？

Would you like to leave your coat at the reception?

コートをお預かりいたしましょうか？

The coat check is on your left.

コートチェックは左側にございます。

Please keep your valuables with you.

貴重品はお持ちください。

If you would like to use the restroom, please go all the way through the hallway. It's on your right.

もしお手洗いをお使いでしたら、廊下の突き当たりを右です。

[I / We] hope that you have a good time!

楽しんで！

Let me know if you have any questions.

質問があればお知らせください。

**英文メールは、テンプレートを使って
ささっと書くのが基本です。
時間をかけずに締めたいときには
これひとつで解決！**

ビジネスメールには英語が向いていると言われる理由は、

・要点がはっきりする
・論理的かつ簡潔に書ける
・要件以外は不要

などさまざまに言われますが、個人的にはテンプレート化できるというのも魅力のひとつです。

　冒頭やまとめ方、最後の一文に至るまで、使われる文章はだいたい誰も同じ。敬語レベルや内容に合わせてテンプレートの引き出しから正しいものを選べば、あっという間にメールが完成します。

　例えば、日本語の「お世話になっております」にあたる冒頭のはじめ方で多いのは、"Hope this email finds you well.""I hope all is well with you."といった相手の健康や好調を祈る文章。それを一文挟めば、ストレートに内容に移ることができます。

　逆に、メールの締め方ランキング堂々の一位（ひろつる調べ）は、"Please let me know if you have any questions."です。大学の学生にメールを返すとき、必要書類を提出するとき、仕事の依頼文を送るとき、内容の確認をお願いするとき、「何か質問があればお知らせください」と書いておくことが非常に多いです。

　内容を送りっぱなしにせず、相手への配慮も込めることができるこの一文はかなり重宝しますが、頻出しすぎて「またこれを使って良いのかな？」と悩むことも。そんなときには少しの言い換えでバリエーションを増やすことができますので、参考にしてみてください。

　メールの締めで最もシンプルな言い方は、"Let me know if you have any questions."です。"Don't hesitate to ask any questions."（遠慮なく質問してくださいね）も使いやすいもの。それに加え相手に対しての丁寧レベルで、冒頭に"Please"をつけるかどうかを判断することが大切です。目上の方やビジネスですと"Please"をつけることが多く、友人や同僚相手だと不要です。店頭での接客などではつけずにカジュアルに言うことも多いので、場に応じて変化させてみてください。

Let me know if you have any questions.

質問があればお知らせください。

Please don't hesitate to ask me any questions./

Please feel free to ask me any questions.

不明点は遠慮なくお尋ねくださいね。

Please let me know if you need any help.

助けが必要でしたらお知らせください。

I'm available to discuss any questions and concerns that you may have.

質問や不安な点がありましたら
いつでも相談に乗ります。

I'd be happy to address any concerns that you have.

懸念材料がありましたら喜んで対処いたします。

Shoot me an email whenever you need to.

必要なときはいつでもメールしてね。
(少しカジュアル)

Dear Sumire,

メールの書き方Ⅱ 宛先編

　英語のメールは、宛先もシンプルが一番。

　私の宛先の書き方のバリエーションは基本的に、"Dear"/"Hi"/挨拶/呼び捨て の4種類しかありません。

　ファーストネームで呼ぶかラストネームで呼ぶかも、関係性や相手の希望によってほとんど決まっているようなものなので、迷うこともほぼなくなりました。初対面の人・仕事相手・目上・年上はかならずラストネームですし、ファーストネームに変えてほしいと言われるまではそのままいきます。友人、同僚、部下、学生、家族、名前で呼んだことが一度でもある人はファーストネームでメールを送ります。

　学生時代、事務局のスタッフさんなどに"Ms."や"Mr."をつけてメールを書いていたことがありましたが、結局ファーストネームに直されるか、窓口で実際に会ううちに仲良くなってラストネームを使わなくなっていくというパターンだったため、はじめからファーストネームを使うようになりました。

　細かい使い分けは以下の通り。もしすごく迷ったら、丁寧な方を使うに越したことはないですね。

Dear Ms. Hirotsuru, / Dear Sumire,

"Dear"＋ラストネームはとても丁寧で初対面や目上相手には鉄板のはじめ方。もし相手がそれを丁寧すぎると感じたら、相手から "Call me Sumire."や"You can call me Sumire."（ファーストネームで呼んでね）と直されるはずです。"Dear"＋ファーストネームの場合でも使いやすく、誰が受け取っても嫌な感じがしないので迷ったらとりあえずこれがベスト。少なくとも、目上の方に送るメールはすべて"Dear"ではじめて良いと思うくらい、頻出です。

Hi Sumire,

カジュアルで使いやすいはじめ方。基本的には友人や同僚、慣れてきた仕事相手だけでなく、目上の人でも「ファーストネームで呼んでね」と言われた場合には"Hi"＋ファーストネームでOK。"Dear"の次によく使います。

Good morning (afternoon / evening) Sumire,

ずっとやりとりをしている相手に向け、少しアレンジしたいときには出だしに挨拶を入れてもOK。初対面ではあまり使わないですが、特に丁寧さを欠くわけではないので、相手は選ばなくても大丈夫です。機械的にいつも同じはじまり方をするよりも、むしろ配慮が感じられて印象が良いかも。

Sumire,

友人や部下、学生など同等か目下の人に宛てる場合や取り急ぎ伝えたい案件のときは名前だけでOK。ただしファーストネームだけとなると敬語にはならずぶっきらぼうな印象になってしまうので、目上の相手に対しては親しい場合以外は避けておきたいですね。

I will set up a Zoom call to discuss the matter next week.

打ち合わせのために来週Zoomミーティングを設定します。

国境を超えたオンラインミーティングも普通になって
きた昨今。移動せずに仕事ができるのは便利ですが、
対面でないからこそ認識のずれが起きることも
ありますよね。会議をセットするときに使える
フレーズをお伝えします。

　ここ数年ですっかり普通になったオンラインミーティング。も
う今ではオンラインなしに成立しない仕事がたくさんあり、前の
スタイルには戻れないとつくづく感じます。

　コロナ禍がはじまって急遽帰国した頃は特に、アメリカに残し
てきた仕事をするためにオンラインにかじりついていた私ですが、
国境を超えた会議はとにかく時差の調整が大変です。

　アメリカと日本の時差は14〜17時間（サマータイムによって異なります）ですので、調整するとなると日本の夜中か朝方。ここにヨーロッパのメンバーが入ると、ヨーロッパの昼・日本の夜・アメリカの朝で調整することに。

　時間が決まったらメールで確認しますが、そのときの表記もポイントになります。それぞれの時間に略語（日本標準時ならJapan Standard Time = JSTなど）が決まっているので、例えば、7月に日本時間の22時スタートの会議を提案しようと思ったら、"Could we have a meeting at 11 p.m. JST*/ 9a.m. EST*/ 3p.m. CET*?"というように、各都市の時間表記を合わせて書かなければならず、また、アメリカなど国によっては24時間表記をしないところもあるため、"a.m. / p.m."で書いたりします。

　その後は必ずGoogleカレンダーにタイムゾーンを入力してミーティングを設定して招待を送り、それぞれのカレンダー時間でミーティング時間を再確認してもらう方式にすると、間違いを防げます。Gmailを使っている人がほとんどだったら、"I will send a calendar invite!"（カレンダー上で招待送っておきますね！）と一言添えて完了です。

　略語やカレンダー設定さえ間違えなければ混乱はほぼ起きませんが、時差計算だけは苦手なのでオンラインの時差計算システムに頼ってしまうのが現実です。自分ではわかったつもりになっていても、サマータイムなども入ってくるので機械に頼るのがベストかもしれませんね…！

＊P121参照。

"set up a Zoom call"（Zoomを設定）"Let's pick a meeting time."
（時間を決めましょう）で会議を設定します。Zoomを使う人が多
いですが、Teamsなど他のシステムを使う方もいるので"Would
you prefer to use Zoom or Teams (or something else)?"と、どれ
が良いか聞く配慮があっても良いかもしれません。時差の計算と
略語表記はとにかく間違えないように、よく使うものは略語を覚
えておくと便利です。

I will set up a Zoom call to discuss the matter next week.

打ち合わせのために来週Zoomミーティングを設定します。

Would you prefer to use Zoom or Teams for our meeting?

ZoomかTeamsどちらが良いでしょうか？

Let's pick a meeting time that works for our time zones.

双方のタイムゾーンに合う
打ち合わせ時間を設定しましょう。

Could we meet on Tuesday at 9 p.m. EST / on Wednesday at 11a.m. JST?

アメリカ東部標準時で火曜夜9時、
日本時間で水曜朝11時ではいかがですか。

I will send you an invite on Google Calendar.

Googleカレンダーで招待を送っておきますね。

時差計算によく使う略語一覧とおもな都市

CET（中央ヨーロッパ標準時）/ CEST（中央ヨーロッパ夏時間）
.... パリ、ローマ、ミュンヘンなど

EST（アメリカ東部標準時）/ EDT（アメリカ東部夏時間）
.... ニューヨーク、ワシントンDC、アトランタなど

GMT（グリニッジ標準時）
.... ロンドン、リスボン、ダブリンなど

IST（インド標準時）.............................. インド国内全域

JST（日本標準時）... 日本

PST（太平洋標準時）/ PDT（太平洋夏時間）
.... ロサンゼルス、サンフランシスコ、シアトルなど

I'm sorry for my late reply.
メールの書き方Ⅲ 返信遅れの謝罪編

しまったー！ あのメール返してなかった！

どんな分野の仕事をしていても、ビジネスパーソンには必ずある「しまった！」の瞬間。どう言い訳をしようなんて考えている時間があったら、ささっとお詫びメールを書いてしまいましょう。

英語メールの鉄則は、「一番言いたいこと→理由・補足」の順番に伝えること。まずは、伝えたい一言を先に書いてしまいましょう！

❗ お詫びメールのフレーズいろいろ

とりあえずクラシックな言い方は、

I'm sorry for my late reply.
返信が遅れてごめんなさい。

My apologies for my slow response.
お返事が遅くなり大変申し訳ありません。

すごく待たせてしまって申し訳ないという思いを伝えたいときには、

Sorry (that) it took a long time to get back to you.
お戻しに時間がかかってしまってすみません。

　待たせたけどまだちゃんと確定のお返事ができないな…というときには、

I am sorry (that) I cannot give you a [firm / definite] answer on this yet.
まだ確実なお答えができず申し訳ありません。

　と、一旦お詫びをしておいて、確実な返事が送れるときがきたらしっかりとしたメールを再び書くのがベスト。

　遅れた理由を書くときには、言い訳がましくならないようにすっきりと1文にまとめてしまうのが良いでしょう。相手が知りたいのは、遅れた理由よりも実際のメールの中身です。できるだけ長々しくならないようにシンプルに説明することを心がければ、相手もきっと理解してくれるはず！

I was wondering if you could / would...

もしできましたら…と思っているのですが

もし良かったら、…していただけませんか？
のお願いメール。
頼みづらいことも、英語のテンプレートに
乗せておねだりしちゃいましょう！の段。

　ニューヨークでは弦楽四重奏団のメンバーとしても活動していた私。ヴァイオリン２名、ヴィオラ１名、チェロ１名の４名で結成されるカルテットですが、それぞれなんとなくグループ内での役割が決まっていました。

　誰が決めたわけでもなく、１人はリハーサルをリードする役目、１人はコンサート用の選曲をしたり曲目解説を書いたりする役目、１人はメンバーの仲がギスギスしたときにうまく中和して場を和ませる役目、などなど（笑）。そして私はクライアントや演奏先

と交渉する役割を担っていました。

　音楽家の契約書というのもだいたいは雛形が決まっていて、特にジュリアード音楽院ではかなり細かいところまで契約書の書き方を習っていたので、その通りに進めるのが通常でした。野外のコンサートだと、「ステージの○％を屋根がカバーするところならOKです。公演中止の場合は○％の報酬を支払ってください。楽屋には姿見と水を準備してください」など細かい条件が契約書にはずらっと並び、それを元に主催者との交渉をします。

　もちろん中には例外的な要求をしてくるクライアントもいらっしゃるので、臨機応変に対応するのがこちらの役目。あまりコンサートを開催し慣れていない場合には、何が必要か丁寧に説明をします。

　細かい話ですが、交渉のときに私が結構気を遣っていたのは椅子。弦楽四重奏は基本的に4人全員が座って演奏するので、椅子のチョイスがかなり大切なのです。もちろん普段コンサートを行うホールでは全く問題ないのですが、野外ステージや美術館、お金持ちの邸宅など演奏するオケージョンはさまざま。そうなると、適する椅子がない場合もあります。

　そんな理由もあり、事前に必ず「すみませんが、肘掛けがなく脚が安定するシンプルな椅子を4脚ご準備いただけますでしょうか」と確認をします。肘掛けがあっては演奏の邪魔になって集中できませんし、動きのある曲を弾くときには安定感が必須だからです。

このような条件や要求ひとつひとつをクライアントと確認するのが私の役目だったわけですが、お願いするときは「これが私たちの常識だから」と上から目線で尋ねるわけではなく、とにかく丁寧な依頼の言葉遣いをするように心がけていました。今思えば、それがスムーズに本番を迎える秘訣のひとつだったかもしれません。

———————————

依頼や要求は言いづらいこともあるからこそ、双方が気持ち良くコミュニケーションできるのが最優先です。"if you could (would)..."（もし…してくださると）という基本表現に、一言つけるのがテンプレートです。特に、"I was wondering..."（…していただけないかと思っているのですが）や"I would appreciate it if you[could/would]..."（…していただけたら大変有難いのですが）と決まった文言をつければ一気に丁寧さが倍増。突然依頼の連絡をして申し訳ないなと思ったら、"I am writing to see if..." "I am contacting you to see if..."（…と思って連絡しています）と書くだけでスムーズに本題に入ることができます。丁寧なおねだりで、印象アップを目指しちゃいましょう！

———————————

I was wondering if you could / would…

もしできましたら…と思っているのですが

———————————

I would appreciate it if you could / would…

もし…していただけたら大変有難いのですが

I am writing to see if you could…

もしできたら…と思いメールを書いています。

I am contacting you to see if you could…

もしできたら…と思い連絡しています。

Would it be possible to have…?

Is it at all possible to have…?

…をご用意いただくことは可能でしょうか？

I am looking forward to...
メールの書き方Ⅳ 終わり方編

　コラム⑪（P116）ではメールのはじめ方についてお話ししましたが、終わり方もマスターしておけば怖いものなし！

　日本語のビジネスメールの締め言葉として一般的な「よろしくお願いいたします」は依頼のニュアンスが強めですが、英語の締め言葉は期待感を表す言葉が便利です。

　"I am looking forward to [-ing/名詞]..." は「…を楽しみにしております」ですが、日常使いの他にもビジネス使いができてしまう、まさに万能ワード。

・一緒にお仕事できるのを
・ようやく対面でお会いできるのを
・イベントの開催を
　…楽しみにしています。

　と締めるとポジティブな読後感を持ってもらうことができます。

　またその期待感のニュアンスから、「お返事をお待ちしています」という場合にも使うことができます。

　ここでも、丁寧なやりとりの場合は主語の"I"や"I'm"を省略せずにきっちりと"I am looking forward to"と書くのが大切。逆

に友人などよく知る相手に一言さらっと期待を告げる場合は
"Looking forward to it!"だけでもOKです。

　ポジティブなビジネスメールで相手との良好な関係を築くチャン
ス。一度使ってみると、もう手放せないマジックフレーズかも…！

❗ メールの終わり方フレーズいろいろ

I'm looking forward to working with you.
あなたとお仕事ができるのを楽しみにしております。（頻出！）
I'm looking forward to finally meeting with you in
person.
ようやく直接お会いできるのを楽しみにしております。
I'm very much looking forward to the event on January
1st!
元日のイベントをとても楽しみにしております。
I am looking forward to hearing from you./
Looking forward to your reply.
お返事をお待ちしております。
（直訳：お返事を受け取るのを楽しみにしております）

We are looking forward to the time when we can finally
meet in person.
ようやく対面でお会いできるときが来るのを楽しみにしております。
I'm really looking forward to the get-together on Saturday.
土曜日の懇親会、とっても楽しみです。

Sorry to interrupt, but...

邪魔して悪いんだけど…

ボスにさっとひとつ質問したいけど誰かと
話し込んでるみたい。お客様にメニューの
説明をしたいけど会話が盛り上がっているみたい。
自分の意見も言いたいけど割り込みづらい。
どうしよう！ そんな気まずい瞬間に、
ぱっと注目を集められる一言のご紹介。

　人の話に割り込むのって、難しいですよね。一度話しはじめた
らつい盛り上がっちゃって、なかなか話が終わらない人もちら
ほら。こちらの意見を言いたいのに言い出す隙も与えてくれ
ない…！ なんて経験、ありませんか？

　私がよくそれを目撃するのは、レストランです。食事が運び込
まれて、さて料理の説明をしよう！ とサーバーさんが意気込ん
でるのに、お客さん側はそれに気づかずに延々と会話を続けてし

まうことがあります。テーブルの向こうで会話の切れ目を申し訳なさそうにうかがうサーバーさんを見ると、会話を一旦停止するために「さて、この料理の説明を聞きましょうか」とつい皆に言いたくなってしまうことも。

一方で上手なサーバーさんは、たとえゲストの話が終わらなくてもさりげなくテーブルに近づいて来て静かにさせるか、それを待たずに"Sorry to interrupt, but…"（お邪魔してすみません）と一声かけて説明をしてささっと持ち場に戻って行きます。言いたいけど言えない様子を見せてゲストに気を遣わせるよりも、説明を聞きたい人に聞かせてささっとその場を後にするのがスマートなパターンです。

さらに、議論の場でも同じようなシチュエーションが見受けられます。1人が長々と持論を展開しはじめると、他に言いたいことがあっても発言するタイミングがなくて困る人もしばしば。そんなときに私がやっていたのは、人差し指を立てておくこと。挙手の代わりとして使っていたのですが、ファシリテーターがいる場合はその人が、そうでない場合は話し続ける本人か周りが気づいて「○○さんの意見も聞いてみようか」と振ってくれることがあります。うまい言葉で話を転換させて、自分の意見に持っていくチャンスです。

ちょっとしたテクニックと、人を不快にさせない遮り方で、割り込みマスターに！

遮ってしまう申し訳なさを伝えるには、"Sorry to [interrupt / bother you / disturb you], but..."などが使いやすいはず。会話に割り込むときには冒頭に一言「邪魔して申し訳ないんですが…」と伝えると、良いクッションになります。そして、議論のときはうまい転換の言葉も必要。"Let's take a look at this from a different angle."（別のアングルから見てみましょう）や"This might not be along the same [chain / train] of thought, but..."（考え方が少し違うかもしれませんが）などとうまく切り出すと自然に自分の意見に繋げることが可能になります。また、「お手を煩わせてしまってごめんなさい」というフレーズもぜひ参考にしてみてください。

Sorry to interrupt, but…

邪魔して悪いんだけど…

Sorry to bother you in the middle of your conversation, but…

会話の途中で遮ってしまい本当に申し訳ないのですが…
（料理の説明や電話応対などでどうしても会話を遮らなければいけないとき）

I'm sorry to disturb your nap, but…

貴重な昼寝の途中に恐縮なのだけど…

I apologize for troubling you on your busy day.

このお忙しい日にお手を煩わせてしまってごめんなさい。
（相手が他のことをしているとき）

Sorry to interrupt, but I would like to bring up another point of view.

割り込んですみませんが、
別の論点を提示させてください。
（議論を遮るとき）

Could you remind me if I forget?

忘れてたらリマインドしてくれる？

**締め切りを過ぎたあとで「あ、過ぎてる…」
と悔いた経験、ありませんか？
これからはリマインダーを
お願いして締め切り厳守で！**

仕事をしていると、避けられないのが締め切りの存在。

あと１週間、あと３日、あと１日…とわかっていても、まだ時間あるし、と思ってしまうものです（担当編集さん、いつもギリギリでごめんなさい…！）。

資料提出や原稿執筆、プレゼン作成に本番準備…いつまでにやらないといけないと最初はわかっていても、いろいろな業務に追われて後回しになってしまうことも多々あります。放置している

と、「その後どうですか？」と連絡をいただける場合もあるのですが、ときどき「急かすのが申し訳なくて」と連絡がこない場合もあります。

　辛いのは、締め切りの２日後くらいに連絡がきて、「しまった、忘れてた…！」というパターン。例えば大学の授業の課題などはもちろん自己責任なので、締め切り前に先生から「どう？」なんてひとりひとりに尋ねないですよね。仕事も同じ、プロとしての責任を果たすためには締め切り前に仕上げるのが当たり前です。

　でも、どうしても忘れがちでどうしてもリマインダーを送ってほしいと思ったら。

　私はそういう「どうしても」案件の場合は最初から「○日前までに返事がなかったらリマインダーを送ってください」と頼むようにしています。きっかけは、ニューヨーク時代のボスから"Could you send me a reminder if I forget?"という依頼をよくもらっていたこと。長い文章はいらないから、メールの件名に締め切りと要件だけ入れて、締め切り前に空メールを送信してほしいと言われ、ふと気づきました。

　リマインダーをお願いするのは、忘れるのを防止するだけではなく外部からの圧力が欲しいからなのだと…。

　申し訳ないなんて思わないで、お手数ですがリマインダーを送ってくださいね！とお願いするフレーズ、紹介します（お仕事関係者の皆さま、リマインダーどしどしお待ちしております！）。

"remind"は他動詞です。「思い出す」ではなく「思い出させる」であることに注意して使ってみてくださいね。"bug me"（しつこく言う）"if you don't hear from me"（連絡がなかったら）も使えますし"if you don't hear from me even after 3 days before the deadline"（締め切り3日前を過ぎても連絡がなかったら）など期日を設定しても良いですね。"bother me"もしつこくせがむことを表すので、"don't hesitate to bother me"（遠慮せず急かして良いからね）という意味に。「気にせずしつこくメール送ってね」というメッセージになります。

Could you remind me if I forget?

忘れてたらリマインドしてくれる？

You should really bug me if you don't hear from me.

私から連絡がなかったら
しつこく聞いてもらって大丈夫だから。

It would be great if you could send me a reminder a week before the deadline.

締め切りの1週間前に
リマインダーを送っていただけたら助かります。

I will probably forget so don't hesitate to bother me.

多分忘れると思うから、遠慮せずに催促してください。

As the date gets closer, please send me a text message to remind me.

日にちが近くなったら、
テキストメッセージを送ってください。

Just to confirm, ...

念のため確認だけど…

今夜の会食、何時だっけ？
もう契約書は返ってきた？
あの件、連絡してあるよね？
確認が必要なときはこのワードひとつで
ささっと万事解決！

世の中に音声入力アシスタントが登場してもう10年以上。AppleのSiriやGoogle Assistant、AmazonのAlexaなどさまざまな音声AIが存在しますが、使いこなしていますか？

私のニューヨークの家には、リビングにAlexa、自分の部屋とスマホにGoogle Assistantと別のアシスタントが入っていました。Alexaはルームメイトが持っていたのでそうなってしまったわけですが、部屋に1台あるだけで本当に便利です。

コンセント変換器さえ調達すれば、冷房も照明も音声コマンドひとつでon/offが可能。カレンダーを連携すれば、「確認だけど、今朝のミーティングって9時から？」と聞くと答えてくれます。今住んでいる家では「おはよう」と言えばその日の予定とニュースフラッシュを流してくれて、「おやすみ」と言えば電気を消して「何時にアラームをかける？」と聞いてくれるようにカスタマイズしています。

今では本当に手放せない存在なのですが、私が一番衝撃を受けたのは、ディナーを予約しようとしたとき。アメリカのGoogle AssistantはOpenTableという日本の食べログのようなサイトと連携しているので、OpenTable上で予約ができるものはAIでの予約がスムーズにいくのですが、その日行きたいお店はOpenTableに登録がない小さなお店でした。

いつも通りGoogle Assistantに"Could you make a dinner reservation at ＿＿＿ tonight at 7 p.m.?"と話しかけると、なんと「電話するね」と言ったのです。しかも「もし7 p.m.がだめだったら6 p.m.か8 p.m.でも良い？」と聞いてくる始末。優秀すぎない!?と衝撃を受けつつ、無事電話を終え"Reserved dinner at ＿＿＿ tonight at 7 p.m. Please confirm."と確認を送ってくる敏腕アシスタントに感謝しながら、その日は夕食を楽しむことができました。

AIが自力で電話できるかなど、国や機種によって少々機能が違うようですが、音声AIは本当におすすめです。

音声アシスタント相手にも本当の秘書にも使える、確認のフレーズ。"Just to confirm, ..."（確認だけど）という気楽なノリで、"Just wanted to confirm that..."は「確認のためお伝えしておきます」とお知らせするニュアンスです。夕食予約で告げられた"Please confirm."は「確認してください」で、返事を求めているときに使います。名詞の"confirmation"も"Did you get confirmation?"（確認はもらった？）などいろいろに使えます。確認して、と言われて点検するときは"check"、何かを見比べて点検するときは"cross-check"とも言うのでついでに覚えておくと便利かも。

Just to confirm, tonight's dinner is at 7p.m., not 8p.m., right?

念のため確認だけど、今夜のディナーは
8時でなくて7時でいいんだよね？

[I / We] Just wanted to confirm your appointment with Mr. Smith is set at 2p.m. tomorrow.

明日のスミスさんとのアポイントは14時で
決まりだとお知らせしておきます。

Did you get confirmation from the ABC Corporation on the contract?

ABC社から契約書の件でOKはもらった？

You should cross-check the Excel sheet with your database really carefully.

エクセルシートとデータベースを
見比べて慎重に確認しておいてね。

I will check with them.

先方に確認しておきます。

You might want to try...

…してみたらいいかもしれません。

仕事に手こずる上司や同僚を前にして
「ああ、他に良い方法があるのに…！
でも教えたら調子に乗ってると思われるかな…？」
と躊躇してしまうこと、ありませんか？

　ニューヨークの中心部に位置するリンカーンセンターは、さまざまな芸術分野が集まる壮大なキャンパスです。ジュリアード音楽院の他にも、メトロポリタン歌劇場、ニューヨーク・フィルハーモニックの本拠地であるデイヴィッド・ゲフィン・ホール、ニューヨーク・シティ・バレエ団の劇場など、ありとあらゆる舞台芸術が集結しています。

　街を歩けばミュージカル俳優がうろうろしているし、エレベーターに乗れば有名指揮者と一緒になるし、学校帰りにふと見ると映画のプレミア試写会に登場したセレブリティの俳優がレッド

カーペットでポーズを取っている。そんな最高の環境でした。

　そのような中、私はジュリアードの中に置かれているCenter for Innovation in the Artsという部門で仕事をする機会に恵まれ、リンカーンセンターで活躍するプロのアーティストやジュリアードの現役学生が共同で作るショーのプロデューサーを務めていました。

　当然仕事をする相手はアーティストがほとんど。舞台セットデザイナーにサウンドエンジニア、演出家にダンサー…本場で経験を積んだ彼らから出てくるアイデアには圧倒され続け、どうにか実現させたいと頭を働かせる毎日でした。無茶な要求にも応えたい一方で、ジュリアードの契約や支払いシステムに対応する日々。そうすると、だんだんとシステム自体に非効率的な部分が見えてくるようになりました。

　音楽監督だった私のボスはクリエイティブなことにはかなりこだわりますが、システム的なところはノータッチ。もしかしたら変えるのが嫌なのではなく、事務的なところをただ気にしてないだけでは…？　と思った私は、あるとき、裏方の仕事を早く進めるためにカレンダーの共有方法や事務的な書類の提出方法を変更したいと伝えました。

　すると、生意気言って怒られたらどうしよう…と不安になる暇もなく、意外とあっという間にボスのOKが出て進めることができた上、「効率良くなるなら君に任せるから！」と全面的にアイデアを支持してくれるようになりました。

　これをきっかけに、上司への提案だからと尻込みをするのではなく逆にどんどん言っていこうと勇気が出た私。「少しご提案しても良いですか…？」と軽く声かけをする表現など、ハードルがぐんと下がったフレーズたちをお伝えします。

まず丁寧にものを伝えるために必須なのが、"would / could"の2つ。"Can you...?"が"Could you...?"になると一気に敬語レベルが上がるように、どのシチュエーションでもそのルールは適用されます。私が恐れ多くも音楽監督に意見するとしたら、念には念を入れて"If I could give［one piece / a bit］of advice, I would say ..."（もしひとつアドバイスするとしたら、…をご提案します）とダブルで使うこともあります。また、"if you don't mind"（もしよろしければ）や"You might want to try..."（…をやってみたら良いかもしれません。ここでも"may"ではなく、"might"を使うことで敬語レベルUP!）と婉曲的に発言すれば、どんなに怖い上司でも決して失礼だとは言わない…はず?!

You might want to try...

…してみたらいいかもしれません。

（遠回しな助言）

Have you tried this way?

この方法は試してみたことある？

Could I just suggest one thing if you don't mind?

もし良かったらひとつだけ提案しても良いですか？

Don't listen to me if you already know this, but you might want to try…

もし知っていたら無視してもらって構わないのですが、
…をやってみてはどうですか？

If I could give [one piece/a bit] of advice, I would say that you should try…

もしひとつアドバイスするとしたら、
…をやってみたら良いかもしれません。

#tbt＝Throwback Thursday
ハッシュタグを使いこなしてインスタ上級者に！

　海外のおしゃれな人のインスタグラムを見ると、ちょうど良い具合にハッシュタグが挟まっていることがしばしば。短いキャプションに文末をハッシュタグで締めていたり、逆に冒頭をハッシュタグではじめていたり、はたまた投稿の最後を見るとアクセスを増やすために大量のハッシュタグが隠れていたり。

　自分が興味のある分野をハッシュタグで検索することでその情報だけ持ってきたり、自分の投稿をオリジナルタグでまとめたりと便利な使い方がいろいろあるハッシュタグですが、典型的な英語ハッシュタグの意味、ご存じですか？

#tbt = Throwback Thursday
#懐かしの投稿

　木曜日は過去の写真や懐かしい思い出を振り返る日、と誰かが決めたのがきっかけ。なぜ木曜日なのか謎ですが、それから木曜日に限らず過去の投稿を出すときにつけるハッシュタグへと変化。日常会話の中でも懐かしいことが出てきたら"TBT！"と口に出して言うこともあるくらい、ハッシュタグ世代には使い慣れた言葉です。

#ootd = outfit of the day
#今日のコーデ

私がよく使う＆見るのがこれです。その日の服装や衣装をアップするときには必ずつけるタグです。日本語ではよく「コーディネート」「コーデ」と言いますが、英語では服装のことは"outfit"と言うので、#coordinateよりも#outfit of the dayの方が自然に聞こえます。

#tgif = thank [God/goodness] it's Friday
#やっと金曜日、マジ感謝

　"Thank God"というのは、神様ありがとう！ 助かった！ とホッとするときに使われるスラング。宗教的な"God"を避けるために"goodness"の言い回しも増えているようです。"TGIF"は、やっと週末、マジでありがたい！ と仕事の終わりを喜ぶときに使うフレーズで、"TGI Fridays"というカジュアルダイニングの有名チェーンもあるほど浸透している言い回し。

#wfh = work from home
#在宅勤務

　こちらはコロナ禍で誕生したハッシュタグ。ハッシュタグとしてだけでなく普通に略語としてテキストメッセージで使うこともあります。日本語はリモートワークやテレワークという言い回しが多いですが、英語では"WFH＝work from home"がよく使われます。在宅勤務のおかげで"QOL＝quality of life"（生活の質）が上がった瞬間、快適な家オフィスの写真、在宅あるあるなどを投稿するときによく使われるハッシュタグです。

What project are you working on?

なんのプロジェクトを担当してるの？

どんな仕事の場面でも、メールでも、
必ず出てくるのが万能ワード "work"。
"work"って仕事という意味だけじゃないの？
と思うかもしれませんが、コンテクストによって
うまく意味を変えてくれるのがこの言葉です。

　英語圏で長く暮らしてみると、日本語に訳しづらいなあと感じる言葉がちょくちょく登場します。例えば "Interesting!" というワード。日本語で「興味深い」「面白い」と訳されますが、あまり面白くないけど独特だね〜という微妙なマイナスのイメージを表すこともあるため、その言葉を聞くと複雑な気持ちになるのも事実です。

　そんな「日本語に訳しづらいワード選手権」の上位に入るのが、"work"です。名詞として訳すと「仕事」「作業」となり、動詞で

もベースは「働く」「取り組む」という意味になりますが、日本語に訳するするりと正体を変えて現れるのがこの言葉なのです。

　例えば、"What project are you working on?"と聞かれれば、プロジェクトに対応する動詞なので「担当する」がベストでしょうか。

　"Are you still working?"と尋ねられれば、「(こんな遅くまで)ヴァイオリンの練習してるの?」や「(ずっとその課題やってない?)まだ終わらないの?」というニュアンスでしょうか。

　"I am looking forward to working with you."と言われれば、「一緒に仕事ができるのを楽しみにしています」かもしれないし、もし本番前の打ち合わせで言われたら「一緒に演奏できるのを楽しみにしています」かもしれないし、背景によっていろいろな動詞を代替してしまうのです。

　また使い方によっては便利な一面も。抜け出したいパーティや飲み会にいるとき、"I have to go because I have some work to finish."(まだやることが残っているのでそろそろ行かなければなりません)とさえ言えば、その"work"は仕事か家事か練習かたまた見終わってないドラマなのか、はっきりさせなくともその場から逃れることができます。

　曖昧だけど便利な頻出ワード。すぐに「仕事」と訳してしまわずに、文章の流れによって相手の言いたいことを読み取るようにするとコミュニケーションがスムーズかもしれません。

前出のフレーズ以外にも、"work out"（うまくいく）や"I'm working on it."（今取り掛かってます）などビジネスシーンでは使う場面が多いはず。"work"の用途を悩まずにパパッと使えるようになると、こなれた返事ができるようになるかもしれません。

What project are you working on?

なんのプロジェクトを担当してるの？

I have some work to finish.

まだやることが残ってるんだ。

Are you still working?

まだ仕事してるの？

I am looking forward to working with you.

ご一緒できるのを楽しみにしています。

Did everything work out well with your meeting?

打ち合わせはすべてうまくいきましたか？

I'm working on it.

今取り組んでいます。

It worked!

できた！（うまくいった！）

I would be honored to accept your offer.

あなたのオファーをお受けすることを
光栄に思います。

**素敵な仕事の依頼が舞い込んできたときや、
嬉しい昇進のオファーをもらったとき。
ただただお礼をするだけではなく、
それがどれだけ光栄なことなのかを含めて伝えたい
ですよね。そんなときは、迷わずこのセリフ!**

ヴァイオリニストの仕事ってどういう風に受けるの? とよく
友人から聞かれることがあります。たしかに、普通の会社での仕
事の受け方よりもイレギュラーな部分があり気になる方も多いか
もしれませんが、基本的には主催者の方や団体、TV局などから
演奏のオファーをいただき、スケジュールやコンセプトを確認し、
OKかNGを出させていただくというシンプルなものです。

移動日やリハーサルなどを考えてスケジュールが埋まっていた

らお受けできませんし、コンセプトが合わないなどの問題があれ
ばお断りすることもありますが、演奏のオファーをいただけるの
はとても嬉しいものです。

　そんなときは、お礼だけでなく、オファーをいただけること＝
実力を認めていただけることが、どれだけ自分にとって有難いこ
とかを伝えるようにしています。

　例えば、コロナ禍前にニューヨークが拠点のアンサンブル、
The Knightsの夏ツアーに誘っていただいたとき。憧れのグルー
プの、しかもギル・シャハムという素晴らしいソリストとのツ
アーに呼んでいただけたのが嬉しくて、「光栄です！」と喜んで
お受けしました。

　お受けしたのは良いものの、競争が激しい音楽業界は人との関
わりもかなりシビアなもの。たとえ一度コンサートに誘われても、
もし本番でヘマをすると二度と呼ばれないこともあるし、現場の
人たちとのコミュニケーションが下手だと使えないと思われるし、
実力主義の現場では緊張状態が続きます。

　そんな中で生き残るのは、やはりポジティブで仕事を一緒にし
たいと思える人。「光栄です！」「喜んで！」と良い印象を残して
次に繋げたいですよね。

　ちなみに後日、アンサンブルからは別のコンサートの依頼をい
ただきました。少しはツアーで良い結果を残せたのかもしれな
い！ とホッとする反面、フィードバックが次の依頼という形でし
か見えないのは本当に怖いところです。ああ、毎日緊張する…！

　英語での「光栄です」は、そこまで堅い状況でなくても使える
もの。例えば「今夜のガライベントに一緒に来てくれない？」

「喜んで！」というときでも、「君のことを推薦したいんだけど」「嬉しいです！」というシーンでも、"honored"の一言で解決します。また"I would be happy to..." "I would be beyond grateful..."など、"would"を使って喜びを表現するとより丁寧に言い換えができます。"more than welcome"は相手に向けて「大歓迎するよ！」と喜びを表現したいときに。"I'm flattered."はカジュアルにもビジネスでも使える一言なので「え、そんな嬉しいこと言っていただけるんですか？」や「お世辞がお上手ですね〜」というニュアンスでも、軽く使ってみてください。

I would be honored to accept your offer.

あなたのオファーをお受けすることを
光栄に思います。

I would be happy to help the team.

喜んでチームのお手伝いをします。

I would be beyond grateful if you could give me advice.

もしアドバイスをいただけましたら
大変感謝いたします。

You are more than welcome to work on this project with me.

私と一緒にプロジェクトに
取り組んでくれるのは大歓迎ですよ。

I'm flattered!

（ほめていただいて）光栄です！

Thank you for giving me the chance to work with you.

お仕事をご一緒させていただく機会を
ありがとうございます。

No.31

I really appreciate it.

本当にありがとうございます。

日常会話でもビジネスでも、
どんなシチュエーションでも言う機会が多いのがお礼。
"Thank you!"とは言えるけど、他にもかっこ良く
言い換えたい…！ そんなあなたにおすすめの
お礼フレーズをいくつか紹介します！

　前章で述べた通り、ニューヨークでの音楽業界は、なかなかにシビアです。演奏する曲を練習していく、時間通りに着く、はもちろんのことですが、早くメールを返す、メンバーと仲良くする、主催者のリクエストにすぐ対応する、など細かいところまでかなり見られているのが実情。たとえ技術が優れていても性格が合わないと思われては認めてもらえないこともしばしばです。

　さまざまなミュージシャンがしのぎを削るニューヨークの音楽シーンの中で、私が素敵だなと思う友人がいます。誰にでも愛さ

れるタイプの優しい性格で、仕事があったら必ず声がかかり、仕事を頼まれたら「あの子からの頼みなら断れないね」と受けてしまう。そんな彼の言動を観察していると、ひとつひとつの言葉選びがとても親切なことがわかります。

「お願いします」ひとつとっても、相手に配慮した言葉遣い。ふざけるときはジョークも飛ばしますが、真面目モードのときは真剣な顔でプロフェッショナルに返す。その切り替えを見ていたら、ああなるほど愛されるわけだ…と感心してしまいます。

　特に「ありがとう」のフレーズはすごくシンプルなだけに、言い換えが難しい言葉のひとつ。どうしても反射的に"Thank you."と言ってしまうことが多いですが、実はいくつか感謝の伝え方があります。

　シンプルにプロフェッショナル感を出したいときに私がよく使うのは"I appreciate it."なのですが（これもその友人を観察していて覚えた技ですが…！）、これは手軽に使えてかつしっかりと丁寧に「感謝します」と伝えられるので安定感が抜群です。仲の良い友人相手にはあまり使いませんが、特にクライアントには使用頻度が高いセリフです。

　仕事の場だから演奏に関係ないおしゃべりはしない、と決めるのではなく、ちょっと手持ち無沙汰な人がいたら声をかけたり、別れ際には茶化さずにしっかりお礼を伝えたり、一度きりの演奏で終わりではなく次の機会に呼んであげたり。周囲の人間に信頼されるプロフェッショナリズムをかなり学ばせてもらった友人のお話でした。

お礼の言い換えのコツは、どれくらいの感謝の気持ちを伝えたいか自分で考えてみること。「心の底から」感謝しているのか、「なんと言っていいかわからないほど」感謝しているのか…その発想から少しアレンジしてみることが可能です。"I'm grateful!"は本当に幸せだな、ありがたいな、と深く感じたときに使える言葉。また、お礼の返しも同じです。ただ"You're welcome."と返すだけではなく、"You're more than welcome."（普通の"welcome"以上に歓迎ですよ）と少し気持ちを加えるだけで、より感謝が伝わることもあります。ぜひ使ってみてください。

I really appreciate it.

本当にありがとうございます。

Thank you so much!

ありがとう！

I would like to thank you from the bottom of my heart.

心からあなたに感謝したいです。

I am so grateful!

本当に感謝してる！

I don't know what to say.

（有難すぎて）なんて言ったら良いかわかんない。

You're more than welcome.

どういたしまして。

ギフトなどをいただいたとき

Thank you, you didn't have to!

ありがとう、気を遣わなくて良いのに！

You are too kind.

優しすぎるよ〜！

Oh wow, I love this so much.

すごい、とても気に入った。

All the best,
メールの書き方Ⅴ 締めのフレーズ編

　No.22（P112）でビジネスメールの締め方、コラム⑬（P128）で
メールの終わり方について触れましたが、ここではシンプルな締め
のフレーズを紹介します。

　英語のメールは締めもシンプル。日本語の「季節の変わり目、ど
うぞお身体にはお気をつけください」のような季節の挨拶もあまり
使わず、ただただ「相手のことを思っています」というニュアンス
を一言に込めれば良いのです。

　私も基本的には片手で数えられるくらいしか使わないので、厳選
したものをご紹介。

❗ メールの締めのフレーズいろいろ

All the best,

ご多幸をお祈りします。

⇒と訳すと仰々しいですが、実際には日本語でいう「よろしくお願
いします」のような オールマイティな最強締め。

Best,

それでは。

⇒ 友達やいつも連絡を取っている人に。仕事相手にはカジュアル

すぎる場合も。

Sincerely,

心を込めて。

⇒ 礼儀正しくしたいときに。

Take care,

気をつけてくださいね。

⇒ 相手を配慮する気持ちを込めたいとき。季節の変わり目や忙しい相手に。

Thank you,

ありがとうございます。

⇒ 感謝したいときに誰にでも使えるお礼の締め。

Stay warm,

暖かくしてね。

⇒ 寒い季節のみ、そこそこ親しい相手に。

With love,

愛を込めて。

⇒とても親しい家族や友達に。

いかがでしたか？

締めのあとは改行して自分のファーストネームを書いて、送信するだけ。これだけ覚えておけば、考える手間が一気に省けて便利ですよ。

It is no big deal; we have time.

大したことじゃないよ、まだ時間はあるし。

やばい！ 新商品リリース直前にミスが発覚した！
明日はテストなのに、勉強できてない！
パニックになる友人を見て、どう慰めたら良いか
悩むあなた…そんなときに使える
かっこいいフォローの仕方をお教えします。

　演奏会に大学講義の準備、講演会に原稿執筆…とイベントや締め切りに追われがちな私は、大抵バタバタしています。コーヒーを飲みに行っても、オフの日がきても、なんだか休まらない（のは私だけではないはず…！）。そんなときに気軽に声をかけてくれたり、お願いができたりする友人がいて助かったのは一度や二度ではありません。

　あるとき、ニューヨークで大きなオーディションを前に練習室にこもっていた私に、話しかけてくれた音楽家の友人がいました。

楽器は違えども、本番を前にした演奏者の気持ちを共有してくれる彼女に「本番近いのに全然準備できてない！この箇所が弾けない」と気持ちを伝えると、「とりあえず落ち着いて。まだ時間あるから」と言ってくれて、かなり心の支えになったのを思い出します。

　しかも、別の日には練習室を覗きに来てくれたついでに「これでも食べて頑張ってね」と日本風のシュークリームを差し入れしてくれて、なんて優しいんだろうと感動した覚えがあります。

　また、作曲の仕事のアレンジ＆ミックス作業が終わらずに詰んでしまい、サウンドエンジニアの同僚に連絡したときもそうです。「時間がマジでないんだけど、ここどうしたらいいかな…？」と恐る恐る尋ねると「僕に任せて！」と言い残したまま、数日後には作品を仕上げてくれたことがありました。

　言葉少なに依頼したのに、ベストな作品を選べるように選択肢まで準備してくれたスキルにも脱帽だったのですが、そこで「自分がやった方が早いだろう」と考えてオファーしてくれた心意気にもすっかり感激しました。

　困ったときほど友人や仕事仲間の優しさやスキルへの感謝が募るものですが、フォローの仕方にもいろいろあるもの。助けられた経験があるからこそ、自分にもできることは誰かにお返ししたいと思いながら毎日を過ごすようになりました。

ミスをしてしまった人やパニックになっている人には、落ち着いた言葉をかけてあげたいもの。"It's no big deal."（〈ミスなんて〉大したことじゃないよ）"Let's fix it."（やり直してみよう）"We still have time."（まだ時間あるから）と安心させるセリフは必須です。また、"I've got your back."（私が味方だから）と言うとかなり信頼を得られます。ちょっとボーナスポイントが欲しいときには、「コーヒー買ってくるから」とさりげなく付け加えてみて。

It is no big deal; we have time.

大したことじゃないよ、まだ時間はあるし。

＊；セミコロンは文章と文章をつなぐ接続詞の役割があります。
意味は「そして」「しかし」「または」「なぜなら」です。

It's all good, try it again.

大丈夫、もう一回試してみよう。

I've got your back.

私に任せて。

Before we worry about it too much, let's fix it.

心配する前に、早く直そう。

Don't worry, I'll get you some coffee.

気にしないで、コーヒー買ってきてあげる。

No worries, just relax.

気にしないで、とりあえず落ち着いて。

Everything is in good hands now.

全部任せておけば大丈夫。
（直訳：すべては良い手の中に守られている）

コラム ⑯

Fingers crossed! 🤞
業界別グッドラック

　演奏前の舞台袖というのは、面白いところです。

　舞台への扉を開けてくれるステージマネージャーさんが「いってらっしゃい！」と優しく送り出してくれたり。オーディションでは、前後の受験者が怖い目をしながら幸運を祈ってくれたり。

　開演直前のスマホに友人からの応援メールを受信したり。

　勇気を持たせるような言葉をかけてくれる人がたくさんいて、これからステージで最高のパフォーマンスをするぞ！　と気分を上げてくれる空間が、私はすごく好きです。

　"Good luck!"に秘められた深〜い意味に気づかされたのも、舞台袖でのこと。私は「頑張れ！」という軽い意味で日本語的にグッドラックを使っていたのですが、実は"Good luck!"を深読みすると、「あなたがうまくいくには運が必要だ」とか「運（という不確実なもの）に頼らなければ成功しない」という悲観的な意味になるとのこと。"Toi toi toi!"（もとはドイツ語で、おまじないの言葉）や"Break a leg!"という別の言い回しがあるのだと海外の本番ではじめて知りました。

　逆に難しいプレゼンなどの前に"Good luck!"と言われたら、

"Thank you, I really need it!"（ありがとう！〈この難しい案件を乗り越えるには〉運が必要なの）とひねりを加えて返す人もいます。

　さらには、演劇の人には"Good luck!"は不運を意味するので必ず"Break a leg!"と言わなければいけないという決まりがあったり。"Break a leg"の由来にも諸説あるようで、「カーテンコールをたくさんもらって足を折る＝お辞儀をする機会がたくさんありますように」という意味とか、劇場には祈りを反対に叶えようとする精霊が住んでいるので本当の祈りとは逆のことを祈るとか、しまいには「代役の人が主役の骨折を祈りすぎてお決まりになった」なんてものまで多種多様。

　音楽のコンサート前に私がよく聞くのは、"Toi toi toi!"です。幸運を祈るときにはその人の肩に３回つばを吐く、という伝統からきたという説もあるそうで、音楽業界ではよく聞く言い回しです。

　とは言え、日常生活でプレゼンや試験などの本番に臨む友人に幸運を祈る場合は"Good luck!"でなんの問題もありません。"Fingers crossed!🤞"は人差し指と中指を交差させて成功を祈るジェスチャーを意味し、本番に行くときよりも結果を待つときに使われがち。幸運をひとつ祈るだけでもこんなに言い方があるなんて、面白いですよね。

　あなたの業界では、どのタイプが使われていますか？

You deserve it!

当然の結果だよ！

努力をする様子を見てきたからこそ、
心から賞賛を送りたい！と思ったときには、
その人のこれまでの頑張りを褒めてあげましょう。
労（ねぎら）いの言葉、まとめました。

日米の文化の違いのひとつに「褒め方」があります。アメリカに行って数ヶ月は、なんでこんなに褒められるんだろう？と戸惑ってしまうくらい、あちこちで嬉しい言葉をかけてもらえる機会がありました。

例えば、ファッション。アメリカの大学はノリもファッションもカジュアルな雰囲気なので、日本の大学で着られているようなきれいめの服を着ていると、「なんで今日そんなに気合い入れてドレスアップしてるの？素敵！」と褒められたり、何気ないア

クセサリーを身につけていると「そのネックレス、めっちゃいいね!」と言われたり。身につけているものに対して挨拶のように褒め言葉が出てきます。

　普段の暮らしについても、アカデミックアドバイザーに良い出来事を近況報告すると、「そんなことがあったの! アメイジング!」と自分以上に喜んでくれたり、普通の状態を保っているだけでも「良いね、この調子!」と気分を上げてくれたり。ポジティブな声がけが多い環境でした。

　通常運転がすでに明るいので、特に良いことがあったときにはもうお祭り状態で喜んでくれることもあります。何度もトライしてやっと資格試験に合格した、ずっと準備していたプレゼンで良い成績をもらった、1年かけた卒業論文を書き終わった…そんなときは喜びのテンションが爆発します。え、私ってそんなすごいことしたっけ?! と不安になるくらいです。

　ここで大切なのは、褒められることに慣れるだけでなく褒め上手にもなること。相手をただ祝福した上で「受かって当然だよね!」「頑張ってたから全然驚かないけどね!」と、日本語と少し感覚の違う労いの表現法がいくつかあるので、ぜひ使ってみてください。

　日本語には直訳しにくいのですが、"You deserve it!"(当然の結果だよ!)というフレーズが便利。"deserve"は「値する」という意味で、受け取った成果や賞がこれまでの頑張りに値する、

という意味で使われます。ご褒美の食べ物などをプレゼントする
ときには、例えば "You deserve good food!"（良いことがあった
んだからご馳走を食べなきゃ！＝直訳：あなたにはご馳走を食べ
る価値がある）という言い方もよくされます。「知ってたけどね」
「こうなるってわかってた」「驚きはないよ」という自信に満ちた
褒め方も独特ですが、使える機会はかなり多いのでカジュアルに
伝えてみてください。アメリカの「良いことがあって驚くのは失
礼」という考え方は、日本と違ってすごく面白いですよね。

You deserve it!

当然の結果だよ！

I'm not surprised.

全然驚かないよ。
（きっとそうなると思っていたよ）

Well deserved!

とてもふさわしい結果だね！

I knew it!

絶対そうなるって知ってたよ！

I told you(so)!

こうなるって言ったでしょ！

You did a really great job on that presentation today!

今日のプレゼン、本当に良くやったね！

Your performance was emotionally moving.

あなたのパフォーマンスには感動したよ。

Great work, everyone!

皆、お疲れさま！

Exactly!
副詞マスターになる！

　海外に行ってから意識するようになったもののひとつに、副詞の使い方があります。

　なぜだか、アメリカ人は副詞のボキャブラリーがすごく豊富。そんなタイミングでその言葉が出てくるのか！ と思うくらいです。

　特にその機会が多いのが、共感を表す語句。「本当に、その通りよね！」と言いたいときは、**"Yes, I think so!"** と平凡に終わるのではなく、副詞ひとつでスパッと決めてみましょう。

❗ 登場機会ダントツフレーズ

　いろいろ種類はありますが、やはり登場機会がダントツ多いのは、

Exactly!

おっしゃる通り！

Definitely!

間違いない！

　そして「本当にそう！ そんなの目に見えてわかるよね！」と言うときには、

Obviously!

明らかにそう！

Clearly!

どう考えてもそう！

　が使えますし、細かい指摘に共感するときには、

Absolutely!

実にその通り！

Precisely!

まさに！

　と言うこともできます。

❗ これらの一言に付け加えるなら

I totally get it. /

I understand completely.

その気持ち、すっごくわかるよ。

That's what I was just about to say. /

I was just going to say that.

まさにそう言おうと思ったんだ。

Did you just read my mind?

同じこと考えてた。（私の頭の中読んだ？）

　と足してみると、同じ意見の人がいて良かった、と相手も安心するかもしれません。

　共感されると嬉しいものなので、初対面の人相手にもカジュアルにどんどん使ってみると仲良くなるきっかけになるかも…！

I made it!

成功した！

うまくいった！ 合格した！ と
簡潔に喜びを伝えたいときや、
逆に悲しい知らせをできるだけ手短かに
伝えたいとき。端的に表現できる
フレーズをご紹介します。

　大学3年生の終わりから4年生になると、だんだんと就職先や
進学先について話すようになり、厳しい面持ちの学生たちがメン
ターと一緒に面接の練習をする姿や大学院の試験の勉強をする姿
を見かけるようになります。インターンシップやリサーチをする
ことで経験を積み、履歴書を頑張って強化してきた学生にとって、
就職活動は一瞬の試験というよりも4年間の集大成。これまで努
力してきた結果がようやく実るかどうかの、緊張の時期です。

　アメリカの大学は夏休みが約3ヶ月とかなり長く、その間にど

んな経験を積んだかがかなり就職のポイントになる世界。学生の活動を応援すべく、学校も夏のリサーチなどには奨学金を出して全力で背中を押してくれます。私もオーストリアに音楽研修に行ったり、大演奏ツアーでイスラエルとヨルダンを訪ねたりとさまざまな活動をしていました。

　ある夏に日本でインターンをしたときには、どれほどその経験が自分の役に立つか、アメリカで生活しはじめた私が日本で改めて何が学べるかなどを書面でアピールしたところ、日本までの往復交通費や生活費などの補助金を学校から得ることができました。ロジカルに交渉し、説得できれば全力で応援してくれる、それが学校の良いところでした。

　夏休みだけでなく毎日の成績も含め、常に努力をしてインターンや研究成果を積み上げてきた学生たちは、当然ながら合格したときの喜びも大きいものがあります。「来週最終面接なんだ」「ロースクールの合格発表が明日出るんだ」などと言われると聞いているこちらが緊張してしまいますが、食堂で出会ったときにおそるおそる「どうだった？」と聞いて"I made it!" "I passed it!"と満面の笑みで返されるときの嬉しさは半端ではありません。

　"I didn't make it..."（うまくいかなかったんだよね…）と言われることもありますが、遠慮することはありません。"I am sorry."（残念だったね）と返し、「そういうこともあるよ」「次はうまくいくよ！」とフォローするのが友情。その分、うまくいったときには全力で喜んであげましょう！

"I made it." は「成功した」ときにいつでも使えるフレーズ。試験や面接に受かったとき、長年研究してきたものが成功したとき、時間に間に合ったとき、成績優秀者リストに入れたとき、などなんでも "I made it." で済ませることができます。"It worked!" も同じ。人を説得するときや化学の実験など、努力していたものが「うまくいった」ときに使えます。逆に "I didn't make it." "I failed." はうまくいかなかったときのセリフ。周囲の人が結果を気にしている場合は、喜びや悲しみを簡潔に伝えてしまいましょう。

I made it!

成功した！

I didn't make it to the finals.

決勝戦（最終試験）まで進めなかった。

My request didn't go through.

私の要望は通らなかった。

They chose someone else for the role.

その役には誰か他の人を選んだみたい。

A：Unfortunately, I didn't make the final cut, but I did get further than I expected.

残念なことに最後の選考には残れなかったけど、思ったよりも上に進めたよ。

B：Well, it's not a complete loss then.

じゃあ得るものはあったね。

A：There's good news and bad news. While I didn't get the raise I had hoped for, I still got a smaller increase in my salary.

良いニュースと悪いニュースがあるの。願っていたほどの昇給はなかったけど、それでもお給料少し上がったよ。

B：Well, that's something at least!

少なくとも収穫はあったってことだね！

I am exhausted today.

今日は本当に疲れた。

今日はめちゃくちゃ仕事を頑張ったから、
もう一歩も動けない。
体調が悪いから今日は休もうかな。
そんなお疲れのあなたに、
こちらのフレーズをどうぞ。

アメリカ生活中に病院にお世話になったことはほとんどない私ですが、一度だけひどい目にあったことがありました。それは、氷上の転倒です。

寒いときにはマイナス30℃になることもあるボストンの冬はとても厳しく、雪が降りすぎて休校になるsnow dayなるものすら存在していました。ブリザードが通る日に至っては外に出ることすらままならず、寮内の食堂や図書館や部屋を行ったり来たりして1日を過ごすという状況でした（たまにスキー板を履いて外出

する強者もいましたが…）。

　雪の降る地域の方はご存じかと思いますが、一番怖いのは雪の日の翌日です。地面に積もった雪や溶け出した水が固く凍りつき、まるでスケート場のようにつるつるになってしまいます。

　そんな大事な事実をまだ理解していない2年目の私は、授業に行こうと寮を出たすぐのところで見事に後ろ向きに滑り、しりもちをついてしまいました。当然のように腰にすさまじい痛みが走り、「あ、授業どころじゃないなこれ…」と悟りました。

　とりあえず教室には辿り着いたのですが、椅子に座ることもできなかったので「怪我しました」と伝え、教授に心配されるままに校内の病院へ。レントゲンも撮られず「尾骶骨やったねー」と医師に言われ、痛み止めだけもらって寮に帰されました。歩くのも精一杯で、部屋に着いたところでもう疲労困憊。治るまでの日々はなかなか辛く、部屋に着くたびに「ああ疲れた…」とつぶやいていたのを思い出します。

「疲れた」ひとつとっても、たくさんの種類があります。"tired"（疲れた）"exhausted"（疲労困憊）"stressed"（ストレスたまってる）"overwhelmed"（打ちのめされてる）などの中から自分のコンディションに合った言い方を選んで話すのがベスト。"I am so done with this client."（このクライアントはもう結構！）など精神的なストレスからくる疲れもあるでしょう。私のように怪我をした場合は"I have injured myself."や"I got injured."、体調が

悪くてお休みするときや早退したいときは"I'm not feeling well."
や"I feel sick today."など、状況に合わせて一言すぐに言えるよ
うにしておきましょう。

I am exhausted today.
今日は本当に疲れた。

I have been overwhelmed with work recently.
最近仕事量に押しつぶされそうなんです。

This job is really tiring.
この仕事は本当に骨が折れるね。

I cannot handle this problem anymore.
私にはもうこの問題は手に負えない。

Honestly, I am so done with this client.

正直、このクライアントにはもう愛想が尽きました。

I got carsick on the way here.

ここに来る道中で車酔いしてしまいました。

I have just [injured myself / got injured] falling on the ice.

氷の上で転倒して怪我してしまいました。

I will be absent from the meeting today, as I have to see a doctor later.

あとで病院に行くのでミーティングを欠席いたします。

It's so hot in here. Shall we take a walk outside?

誘い出したいときにはこのフレーズ！

　パーティも中盤。皆もお酒が入ってきて、声が大きくなってきて、会場も熱気を帯びて、自分も気になる相手との話に夢中に。ただ、声を張り上げなければならないようなガヤガヤした場では、相手のことを知るのも至難の技。

　相手と静かに話したいと思ったら、"It's so hot in here. Shall we take a walk outside?"と言って外に出てしまえば良いのです。場所を変えれば相手との時間も確保できるし、何よりフレッシュな空気を吸えれば気分も変わります。

　私も親友と大学院のパーティに行っては、息が詰まってきたら一緒にテラスやキッチン、外などに抜け出してゆっくり近況を話し、落ち着いたらまた戻って行くというようなスタイルを取っていました。激しいパーティのど真ん中にいるのも楽しいですが、気の置けない友人や新しく知り合った人とゆっくり話す方が自分に合ってると思うこともありました。その方が相手の内面がよくわかって仲良くなれると感じていたのだと思います。

　友人だけではなく、気になった相手でも同じ。ビジネスでも恋愛でも、2人きりのスペースが欲しいなと思ったら、「ちょっと疲れ

たね、テラスに出ない？」と声をかけてみると、パーティの喧騒を
BGMにゆっくり話す機会が取れますよ。

❗誘い出し（席を外す）フレーズいろいろ

It's so hot here. Shall we take a walk outside? /
Do you wanna* take a walk outside?

暑いね。少し外で散歩する？

* "wanna" は "want to" の省略形

Honestly, I am not good at crowded spaces.

正直、人の多い場所は苦手なんです。

Let's get some air. /
Let's step outside for some fresh air.

ちょっと風に当たってこようよ。

I want to take a break.

少し休憩してきます。

My feet are a bit sore, so let's sit down for a while.

足が痛くなってきたから、少し座ろうよ。

I can barely hear you, would you like to talk in a quieter place?

なんて言ってるかよく聞こえない。静かなところで話さない？

It's okay not to be okay.

大丈夫じゃなくても良いんだよ。

大丈夫じゃなくても良いんだよ。
頑張りすぎなくても良いんだよ。
ちょっと頑張りすぎたとき、
優しい気持ちにするためのフレーズ集です。

　ジュリアード音楽院は、学生数850名ほどの小さな学校。音楽・演劇・ダンスの３つの学部が存在し、学部から博士課程までの学生たちが毎日夜遅くまで練習に励んでいます。

　入学式はコンサートホールで開かれ、まず在学生や卒業生による素晴らしいパフォーマンスで新入生を圧倒します。その後校舎ではじまるのがオリエンテーション。平日は特に取り合いになる音楽練習室の予約法や食堂の仕組み、授業の取り方などを学ぶのですが、とても印象に残っているのは、最後に現役生が出てきて

教えてくれたこと。

　それは、学校のカウンセリングサービスのお話でした。

　常に本番でうまく演奏しなければならないというプレッシャーにさらされ、しかも同じ分野で同じゴールを目指すいわばライバルがそこらじゅうにいるという音楽環境。切磋琢磨できる最高の学校ですが、逆に言うと息抜きのチャンスがあまりないのも事実です。

　現役生の皆さんはそこで、カウンセリングの使い方についてレクチャーしてくれました。目が痛くなったら眼科、耳なら耳鼻科に行くのと同じように、心が少し疲れたと思ったらカウンセリングに行くように。そのためにあるから！ と元気におっしゃったときにハッとしました。

　メンタルヘルスは日本でもようやく話題に取り上げられるようになってきましたが、本来誰もが使って良いはずのカウンセリング。ジュリアードで誰もが気軽にアクセスできるのと同じように、軽度・重度に関係なく、弱音を吐きたいときには人目を気にせずに自由に使用できるような世の中になるように願っています。

　もし友人や家族のメンタル状況で気になることがあったら、どうにかそばにいてあげたいですよね。"Are you okay?" "Is everything okay?" と聞くことはできても、強制的に話させるのは逆効果。話したくないなら話さなくても良いけど、ここにいるからね、とい

うニュアンスで"You can talk to me." "I am here for you." くらい
がちょうどいい場合だってあるかもしれません。無理しがちな現
代人ですが、"It's okay not to be okay." （大丈夫じゃなくても良
いんだよ）というフレーズを心に留めて過ごしたいですね。

It's okay not to be okay.
大丈夫じゃなくても良いんだよ。

Are you okay? /
Is everything okay?
大丈夫？

You don't [look / sound] okay.
Is something wrong?
大丈夫に見えない (聞こえない) けど…何かあった？

You can talk to me.
話なら私が聞くよ。

What's the matter? / Is something wrong?

どうしたの？何か嫌なことあった？

It seems like something is bothering you. Do you want to talk about it?

何か気になってることがありそうだね。
私に話してみない？

It's all right; I am here for you.

僕がここにいるから大丈夫。

I'm here to help.

手を貸すよ。

What are you in the mood for?

何が食べたい気分？／何がしたい気分？

「何が食べたい？」「うーん、なんでもいい」は卒業！
デートやごはんのお誘いや
レストランでの受け答えを、
スマートにこなすフレーズです。

　会ったばかりの人と仲良くなりたてのときは、ディナーに誘ったりデートに誘ったり、気持ちが高まりますよね。今度会ったら何をしようかな、何が好きかな？ といろいろ考えてしまうもの。

　もしあなたがディナーを選んだとしたら、レストランでの振る舞いは、相手に意外と見られているものです。カトラリーさばきはどうか？ マナーはどうか？ 店員さんとフレンドリーに接しているか？ などなど。

　とは言え、店員さんとのやりとりはそんなに種類が多くありません。気さくに話しかけてくれる店員さんに、自分の感想や質問を投げることさえできればコミュニケーションは成立します。おすすめを聞いたり、同席の友人の好みを相談してみたり、うまくリードすることができれば見直してくれるかもしれません。

　また、デートでやることや食べるものが決まらないときは、さらっと"What are you in the mood for?"と聞いてみるのが吉。コンテクストなしに聞けば「何をする気分？」となるので、"I'm in the mood for watching movies."（映画が見たい気分）とか、"I feel like walking outside."（外を散歩したいかも）となりますし、次に会うときのごはんの話をしているなら、「何が食べたい気分？」という意味に変化します。

　"I would be happy with anything."（なんでも嬉しいよ）でも悪くないのですが、せっかくなら"I feel like…""I would like to eat…"と自分の好みや意向を伝えてみましょう。

　単純におすすめを聞くときは、"What do you recommend?"ですが、"What do you personally like the best?"（店員さんの個人的なお気に入りはなんですか？）と聞くのも工夫があって楽しいかも。お酒の辛口は"dry"、甘口は"sweet"で表現します。またシェアするつもりのときは"We would like to share all the plates."と事前に言っておくと親切。お会計後また来たいなと感じたら、"I will make sure to come back soon before you get

too popular."と一言残して去ってみるのも粋かもしれません。
（でも、かっこつけすぎないように！）

What are you in the mood for?

何が食べたい気分？／何がしたい気分？

I feel like eating Italian(food).

イタリア料理が食べたい気分かな。

I'd be fine with everything.

なんでも良いよ。

Okay then, what do you not want to eat?

じゃあ、食べたくないものはある？

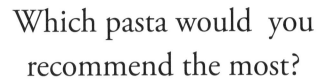

Which pasta would you recommend the most?

どのパスタがおすすめですか？

Would you like it dry or sweet?

辛口と甘口どちらが好きですか？

We would like to share all the plates.

料理はすべてシェアします。

I will make sure to come back soon before you get too popular.

（帰り際に）人気になりすぎる前にまた来ますね。

I'm trying to decide between this one and this one…

これとこれのどちらにしようか迷っています…

店員さんがすごく話しかけてくると思ったら。
変に遠慮することなく、
ヘルプがほしいときは素直に、
話しかけてほしくないときは正直に
相手に伝えるのが良いショッピング法です。

　まだアメリカに行ったばかりの頃、キャンパスの周りにある洋服屋さんを巡っていたら、店員さんの視線を強烈に感じたことがありました。店に足を踏み入れ、特に店員さんと話すこともなく自分の好みに合いそうな服のところに直行し、周りに目をくれることもなく選んでいたのですが…。

　店員さんとしては服を選ぶ手伝いをしたかったようで、目が合

うと"Do you want any assistance?"とニコッとされました。

　そのとき覚えたフレーズが、"No, I'm just looking."（ただ見て
るだけなので）でした。これを伝えると、"Okay! Please let me
know if you have any questions."と言い残していなくなる店員さ
んがほとんど。変に遠慮して話し相手になる必要はなく、正直に
告げることで落ち着いて自分のペースで買い物ができます。

　反対に、もしも選ぶのを手伝ってほしいときには、素直に
"I'm trying to decide between this one and this one…"など悩みを
伝えると、これでもかというほど助けてくれます。お店によって
は接客したお客さんが品物を購入するとチップ（マージン）をも
らえるところもあるようで、その理由もあって積極的にアシスト
してくれます。「今着てる服、素敵ね〜！」とノリノリで気分を
上げてくる店員さんも少なくありません。

　もちろん場所によっては適当な対応をされることもありますが、
自分の意向はストレートに伝えるのが、上手な買い物のコツです。

　店頭での英語のコミュニケーションのコツは、正直でいること。
ぶらぶらと見ているだけの場合や自分が欲しいものが決まってい
る場合には、"I'm just looking."（ただ見ているだけです）や"No
thank you, I know what I want."（ありがとう、でも欲しいものは
決まっているの）と言えば良いですし、助言が必要なら質問をす
ると喜んで答えてくれます。"Which do you recommend?"（どち
らがおすすめですか？）"Can I try this on?"（試着しても良いで
すか？）などと気軽に聞いてみましょう。

I'm trying to decide between this one and this one…

これとこれのどちらにしようか迷っています…

I am just looking.

見ているだけです。

Dialogue

A (salesperson) : May I help you?

何かお探しですか？

B (customer) : No thanks. I am just looking right now.

いえ、大丈夫です。今はただ見ているだけなので。

A : I understand. If you need help, please don't hesitate to ask me any questions.

わかりました。
もしお手伝いが必要な際は遠慮なくお尋ねください。

B : Thanks.

ありがとうございます。

Dialogue

A：Have you found what you are looking for?

お探しのものは見つかりましたか？

B：Yes, but I'm trying to decide between these two dresses. Can I try these on?

はい、でもこの2つのワンピースの間で迷っているんです。試着できますか？

A：Sure. The dressing rooms are over there. Please let me know if you need further assistance.

もちろん。試着室はそちらです。さらにお手伝いが必要な場合はおっしゃってください。

B：Thank you very much!

ありがとうございます！

Could I get the 6-inch?
SUBWAYの注文で恥をかかないために

　対面でのコミュニケーションはただでさえ緊張しますが、飲食の
オーダーは本当に難しいですよね。勝手がわからないと、相手に何
を聞かれているのかさえわからなくて、愛想笑いで質問を流してし
まったら理想のオーダーとかけ離れたものができていたり…。

　私がオーダー業界最難関だと思うのは、いまだに返事に詰まって
しまう、SUBWAY。美味しくて手軽に食べられるからSUBWAY行
かない？ と言われると、若干脳に緊張が走ります。

　何が難しいって、パンの種類やチーズの種類など、そもそも頭に
知識のないものをメニューもなしに聞かれたりするところ。Flatbread
とItalianの違いって何?! チーズってチェダー以外にあったっけ?
といつもパニックになり、無難なチョイスをしてしまいます。

　しかし! 私がひとつこだわるのはソースの選択。チポトレソー
スが大好きで、そこだけは外しません。チポトレはちょっとスモー
キーでスパイシーな、マヨネーズベースのメキシカンソース。タコ
スや巨大ブリトーを食べると口の中に広がるあの味覚が蘇ります。
個人の好み次第ですが、基本何にでも合うのでぜひ試してみてくだ
さい。

　わからないところや具材、お決まりのリクエストはテンプレート
として覚えてしまって、SUBWAY注文はもうお手のものにしてし
まいましょう!

What kind of bread would you like today?

パンの種類はどういたしましょうか？

I will get the ＿＿＿. / I would like the ＿＿＿.

＿＿＿ でお願いします。（種類：9-grain wheat, multigrain flatbread, Italian(bread), Italian herbs & cheese(bread), flatbreadなど多数...）

Which size would you like?　パンのサイズはどういたしましょうか？

Could I get the 6-inch?　6インチ（15cm）をください。（ハーフサイズ）

I will have the footlong.　1フィート（30cm）をください。（フルサイズ）

What type of cheese would you like?

チーズの種類はどういたしましょうか？

Do you have Swiss cheese?　スイスチーズはありますか。

I will have American(cheese).　アメリカンでお願いします。

（種類：American, mozzarella, provolone, Swiss, Parmesan, pepper jack, natural cheddar, Monterey cheddarなどこちらも多数。悩みたくない場合はひとつお気に入りを決めておくと吉！）

What vegetables would you like?　野菜は何を入れますか？

I will have a bit of everything.　全てを少しずつください。

No onions, please.　たまねぎは入れないでください。

I would like a lot of pickles.　ピクルスを多めにお願いします。

What sauce condiments would you like?

ソースは何にいたしましょうか？

I will [pick / choose] mustard today.　今日はマスタードにしようかな。

Chipotle, please.　チポトレでお願いします。

Could you add a little bit of olive oil?

オリーブオイルを少し追加してください。

We regret...

大変申し上げにくいのですが…

せっかくのオファーなのに、スケジュールが
空いていないから断らなければいけない。
ごはんに誘ってくれたのに、その日は仕事。
そんな「本当に申し訳ないんだけど」を伝えたいとき。
残念な気持ちを表現するためのフレーズです。

ニューヨークは、本当にさまざまな文化に触れる機会にあふれています。

エンタメという意味だけの文化ではなく、食の文化やパーティの文化など、いろいろな国から人が集まる大都会だから見ることができるものがたくさん。

だからこそ、ニューヨークの学校で学生生活を送るのは結構大変です。ハーバードのキャンパスはケンブリッジという学生街に位置し、周りに何もなかったので集中できたのですが、ニュー

ヨークともなれば気を散らすものがそこらじゅうに存在します。

マンハッタンのギャラリーイベントや友人のごはんの集まりや
ジャズクラブでの演奏など、同じ街に住む友人に誘われることも
たくさんありましたが、何せこちらは夜の12時まで練習室が使
える音楽学校にいる身。リハーサルやらコンサートやらで慌ただ
しくて、断らざるを得ないことも多々ありました。

本当はめちゃくちゃ行きたいのに…！ という気持ちが伝わ
るように、"I would really love to go, but unfortunately I already
have plans that day."（とても行きたいのだけど）と冒頭につけ
てお断りをするようにしていました。

目上の方のお誘いや大切なイベントを断るとなると、さらに言
い方に気を遣います。結婚式をお断りするときには"I'm afraid
I will not be able to attend."を使ったり、残念ながら面接を通過
しなかった人には"We regret to inform you that you have not
been selected for the job position."と伝えたり。"afraid / regret /
unfortunately"などをうまく使いこなす必要があります。

丁重にお断りするフレーズは、ホテルの受付の対応で考えると
わかりやすいです。受付としてはどんなに満室でも、要求された
チケットがなくても慎重に対応しなければならないので、"We
regret to inform…" "Unfortunately,…" "I'm afraid…" "I'm sorry…"
のようにすべて「申し訳ありませんが」をつけてお断りをします。
ただ無機質に"I can't…"と言ってしまうと相手も良い気分にはな
らないので、少しの配慮を表してみましょう。

We regret to inform you that we are completely full for that date.

大変申し上げにくいのですが、
その日は完全に埋まっております。

Unfortunately, we are fully booked throughout the week.

申し訳ございませんが、今週は満室でございます。

I'm afraid I will not be able to attend.

残念ながら参加できません。

I'm afraid we're all sold out.

残念ながら全て売り切れてしまいました。

I would really love to go, but unfortunately I already have plans that day.

すごく行きたいんだけど、
その日はすでに予定が入っちゃってるんだ。

I'm sorry, I have another commitment [at that time / on that date].

ごめんなさい、[その時間／その日]は他の用事があるの。

Oh no! I've just accepted another invitation for that time.

残念！ その時間は他の招待をお受けしてしまいました。

I am so sorry for your loss.

お悔やみ申し上げます。

SNSを開いたら知人のご家族の訃報が。
辛い気持ちでいるであろう本人になんと
声をかけたら良いのかわからないとき。
気にしているよ、という配慮を示すために、
心を込めたコメントをしてみてはいかがでしょうか？

　悲しい訃報。Facebookなどで友人・知人のパーソナルな投稿を見ることもあれば、世界のニュースで悲しい事故の様子を目にすることもあります。

　すごく辛い思いをしている人に対してなんと声をかけたら良いのかは、言語に関わらず大変な悩みどころですよね。

　最も一般的な「お悔やみ申し上げます」は、"I am sorry for

your loss."です。"I am sorry."はごめんなさいという意味がありますが、気の毒に思う、という意味も込めています。お葬式に行ったときや投稿を見たときなど、間違いがないのはこのフレーズです。

また「ご冥福をお祈りします」の表現法で私が一番日米の差を感じたのは、SNS上でのハートマークの使い方です。日本で訃報に対してハートマークなんて使うと「え？ なんでこんなときに？」と思われそうですが、アメリカは考え方が違うようで。"I support you."（ここにいます）"Sending you prayers."（お祈りを送ります）という意味で、自分が相手を思う気持ちをハートを乗せて言う方もいます。

他にも、故人に宛ててR.I.P.＝"Rest in peace."（安らかにお眠りください）を使うのも一般的。簡潔に意味が伝わるので、SNSでも使われることが多いです。故人のご家族向けには"May［his／her／their］soul rest in peace."と文中で使えば、より丁寧に。

"My condolences."とシンプルに言う方法や、"It is heartbreaking to hear the news."と純粋に自分の気持ちを文章に表す方法などもあります。亡くなった方・その親族との関係性や使う場面を考えて、最適なものを使いましょう。

I am so sorry for your loss.

お悔やみ申し上げます。

I support you.

ここにいます。

Sending you prayers.

お祈りを送ります。

May [his / her / their] soul rest in peace (= R.I.P.).

（彼／彼女の）ご冥福をお祈りします（R.I.P=安らかにお眠りください）。
＊故人に直接語りかけるときは［your］を使います。

It is heartbreaking to hear the news.

訃報を聞いて本当に辛い気持ちです。

知り合い向け

My condolences. /

Please accept my sincere condolences.

ご冥福をお祈りします。

We are thinking of you during this difficult time. /

Our thoughts are with you in this time of sorrow.

あなたのことを想っています。

It's a chicken-and-egg debate.

卵が先か鶏が先かどちらとも言えない議論ですよね。

**英語を習いたての頃は、人が英語で
話しているのを聞くと、少しわからないところが
あっても「英語が聞き取れなかっただけか」
と諦めがち。でも、もしかするとそれ、
慣用句かもしれません…！**

慣用句とは面白いもので、国の文化や考え方が如実に表れるものもあれば、どこの国も共通して使われるようなものもあります。

でも、どの慣用句にも言えることは「知らないと使えない」ということ。

大学生活が長くなりそこそこ英語に自信がついてきた頃にも、会話を耳にしては「ああ、また何を言ってるかわからなかっ

た…」と落ち込み、あとでその言葉をググったら「なんだ、知らない慣用句だったんだ！」と気づく、なんてこともしょっちゅうありました。

例えば、一石二鳥は"kill two birds with one stone"なので日本語と同じです。突然"stone"という単語が出てきても、鳥と石のコンビならなんとなく推測出来るもの。

噂をすれば〇〇さんが現れたよ、という時には"Speak of the devil..."を使いますが、ニュアンスはなんとなく伝わりますよね。なぜdevilか?! と一瞬驚くかもしれませんが…。

私が個人的にしばらくピンとこなかったのは、"it might sound cliché, but..."という言い回し。「どこかで聞いたことあるような、よくある言い回しだけど…」という意味で使われます。"cliché"の語源はフランス語の「型にはまった表現」。「よくある言い回しだけど、継続は力なりっていうから頑張ろうよ」みたいな使い方をします。

気になった慣用句は、理解するだけではなく自分でも使えるようになりたいですね。

ここに紹介するのはただの一例。コラムでもいくつか慣用句を紹介していますので、ぜひ身につけて使ってみてくださいね！

It's a chicken-and-egg debate.

卵が先か鶏が先かどちらとも言えない
議論ですよね。

It might sound cliché, but…

どこかで聞いたことがあるような
(陳腐な) 言い回しだけど…

You can kill two birds with one stone by live-streaming your performance.

演奏をライブ配信にしたら一石二鳥だね。

Speak of the devil, there he is.

噂をすれば彼が来たよ。

Well, the grass is always greener on the other side of the fence.

まあ隣の芝生は青く見えるんだよね。

Time flies!

さらっと慣用句を使うだけでこなれ感を演出できる!

英語で慣用句なんてハードル高い! と思われるかもしれませんが、実はカジュアルに使えるものもたくさんあります。日本語の難しい慣用句のように「この人突然何言ってるの?」と言われるようなことはないので、とりあえず使って練習してみて。

Time flies! 時が経つのは早いね。

What a small world! 世間は狭いね。

It turned out my co-worker knew my professor from my freshman economics class. 私の同僚が、大学1年のときに私が取ってた経済学の教授を知ってるらしいの。

Really? What a small world! 本当? 世間は狭いね。

And then I realized our freshman year was already 10 years ago! しかも気づいちゃったんだけど、私たちが大学1年の頃ってもう10年も前なんだね!

Wow! Time flies. きゃー! あっという間だね。

You are off the hook. 窮地を逃れたね。/見逃してあげる。

Who ate my cake in the fridge? 冷蔵庫にあった私のケーキ食べたの、誰?

Oh... I thought it was mine. あ、僕のだと思って食べちゃった…。

I kept it there so I could eat it later!

あとで食べようと思って残しておいたのに！

I'm sorry! I will buy you a better cake tonight.

ごめん！ もっと美味しいケーキを今夜買ってくるよ。

Okay, you are off the hook.　わかった、じゃあ見逃してあげる。

It's the elephant in the room.　それは誰も触れようとしない問題ですね。

〈例〉

Did you see the new rule that is coming into effect next month?

来月から施行されるルール、見た？

Yeah, I honestly don't think it's a good idea.

うん、正直全然いい考えだとは思わないけど。

Obviously! Why does no one complain about it?

間違いない！ なんで誰も文句言わないの？

It's our president's idea, so... I guess it's the elephant in the room.

うちの社長のアイデアだから…誰も触れようとしないんだよね。

Too many cooks in the kitchen.　関わる人が多すぎて効率悪いよね。

〈例〉

Hey, I really appreciate your work, but could you take charge of another project?　ねえ、あなたの仕事ぶりにすごく感謝してるんだけど、別の案件担当してくれない？

Of course, but I thought this one needed the most help.

もちろんです。でもこの案件が一番助けが必要かと思ってました。

It did, but now instead of working together, everyone is working against each other. There are too many cooks in the kitchen.

そうだったんだけど、今は皆が足の引っ張り合いをするようになっちゃった。関わる人が多すぎて。

おわりに

　英語も、音楽も、教科書や譜面には書いてないことが実践で明らかになることは多々あります。

　中学校の教科書に載っていたから使ってみたのに、ネイティブに「？？？」な顔をされたフレーズとか。

　家で練習していたときは弾けていたのに、オーケストラと合わせた瞬間にリズムが合わずに撃沈した曲とか。

　演奏は完璧と思って鼻息荒く舞台に飛び込んだら、ステージマナーがわからなくなってきょろきょろしてしまったこともあります。

　結局のところ、いくら知識を溜め込んだとしても実際にやってみないとわからないことだらけなのが人生の面白いところですよね。

　でもそうして失敗したからこそ「次こそは！」というモチベーションになりますし、今では人との会話中や舞台上でどれだけ戸惑うことや恥ずかしい失敗があっても、堂々としたフリができるようになりました（内心は「やばい、お客さんにバレたかも」とめちゃくちゃ焦ります）。

　英会話をマスターしたい読者の皆さんにお伝えしたいことは、とにかく実践して、堂々と失敗しまくってほしい！ということです。

　例えば海外の友達が不思議な日本語を話していたら「正しくは〇〇だよ」と教えたくなることはありますが、何かメッセージを伝えたそうにしている人を「この人何言ってんの？」と突き放すことはないですよね。それと同じで、話したいという意志さえ伝われば相手は必ず真剣に聞いてくれます。もしもよっぽど変なフレーズを口走ったらきっと誰かが突っ込んでくれるはず。

　音楽も、機械のように100％正確で完璧な演奏よりも、多少の間違いがあっても人の心に訴えかけるような感動的な演奏の方が

人間味があって私は好きです。国内を回って演奏するときも、海外のさまざまな都市を訪れて音楽家とコラボレーションするときも、「この音楽を伝えたい」という情熱は絶対に忘れないようにしたい、と常に思っています。

　高校時代、アメリカでの演奏ツアー後に私が海外に渡りたいと決意した理由も、自分の気持ちが言語を超えて相手に伝わったからでした。

　1章で「英会話はもはや即興セッション」のようなものであると書きました。音楽の即興セッションはその場ですべてを頭で組み立てながら演奏すると思われがちですが、実際にはある程度の経験や「こうきたらこう返す」のレパートリーがものを言います。自分の得意なメロディー、リズム、コード、などの手札を持った上で、いかに自分流にアレンジするかが問われるのです。

　読者の皆さんにはこの本で手札を増やしていただきましたが、そこからどんなアレンジにするかはあなた次第。モダンでおしゃれなメロディーを乗せるのか、踊りたくなるようなリズムを使うのか、はたまたかつての巨匠が使った安定のコードを仕込むのか…。

　その先はぜひ「マネ」ではなく「自分流」でセッションに臨んでみてください。皆さんが世界中で素敵なセッションを楽しめるよう、願っております。

　最後に、編集協力のエリックさんと石川さん、連載時から可愛いイラストをつけてくださった装画の伊藤ハムスターさん、そしていつも締め切りギリギリを攻める私に辛抱強くお付き合いくださった担当編集の今野さんをはじめ、この本作りに関わってくださったすべての皆様に心よりの感謝をお伝えしつつ、この本を締めくくりたいと思います。

2023年新春に　　廣津留すみれ

初出　集英社ノンフィクション編集部公式サイト
「よみタイ」（2022年3月〜2023年2月）公開
「米国生活で磨いた　ネイティブがよく使う英会話
フレーズ100」を改題し、大幅に加筆修正しました。

装丁／本文レイアウト　今井秀之
装画／本文イラスト　伊藤ハムスター
校正　鷗来堂
編集協力　Erik Schaubach　石川正子　三須百合子
著者近影　Ryuto Kurokawa

廣津留すみれ（ひろつる　すみれ）

ヴァイオリニスト。大分市出身。12歳で九州交響楽団と共演、高校在学中にニューヨーク・カーネギーホールにてソロデビュー。ハーバード大学（学士課程）卒業、ジュリアード音楽院（修士課程）修了。ニューヨークで音楽コンサルティング会社を起業。現在は成蹊大学客員講師、国際教養大学特任准教授の他、「羽鳥慎一モーニングショー」（テレビ朝日系）のコメンテーターも務める。

著書に『ハーバード・ジュリアードを首席卒業した私の「超・独学術」』『私がハーバードで学んだ世界最高の「考える力」』『新・世界の常識 複雑化する時代を生き抜く54の思考と言動』、翻訳書に「イツァーク　ヴァイオリンを愛した少年」（トレーシー・ニューマン文／アビゲイル・ハルピン絵）がある。2022年にデビューCD『メンデルスゾーン：ヴァイオリン協奏曲+シャコンヌ』をリリース。

公式サイト　https://sumirehirotsuru.com/
インスタグラム　https://www.instagram.com/sumire_vln/

アメリカ生活で磨いた
ネイティブがよく使う英会話フレーズ

2023年3月29日　第1刷発行

著　者　廣津留すみれ

発行者　樋口尚也

発行所　株式会社集英社

〒101-8050　東京都千代田区一ツ橋2-5-10

電話　編集部 03-3230-6143

　　　読者係 03-3230-6080

　　　販売部 03-3230-6393（書店専用）

印刷所　大日本印刷株式会社

製本所　加藤製本株式会社